BALISES

Collection dirigée par Henri Mitterand

Les Chouans

Honoré de Balzac

résumé analytique

commentaire critique

documents complémentaires

Françoise Paradis

Agrégée de Lettres modernes
Ancienne élève de l'ENS de
Fontenay-aux-roses

La vie de Balzac

L'ENFANCE

Honoré, fils de Bernard François Balzac et de Laure Sallambier est né a Tours le 20 mai 1799. Son père appartient à cette classe d'hommes nouveaux et d'organisateurs progressistes qui ont fait une relative fortune dans l'administration et les bureaux sous la République et l'Empire, et sa mère à une lignée de commerçants parisiens. Son enfance est plutôt malheureuse du fait d'une assez violente hostilité maternelle à son égard comme à celui de sa jeune sœur Laurence. Enfermé au collège des oratoriens de Vendôme, Honoré y découvre la lecture et la philosophie. À Paris, à partir de 1814, il étudie le droit et suit, parallèlement, les cours des grands historiens de son temps.

DES DÉBUTS DIFFICILES

Refusant d'être notaire comme le voudrait sa famille, il décide de devenir homme de lettres et de se forger une carrière de journaliste et d'homme politique. En 1820, il débute en littérature par un échec avec la tragédie de *Cromwell*. Il découvre dans cette période le monde des éditeurs et des petits journaux et vit tant bien que mal jusqu'en 1829 de la confection de romans à la mode, romans noirs et romantiques, signant cette littérature alimentaire de pseudonymes. Ses rapports avec sa famille se font de plus en plus tendus et il a une liaison avec une femme âgée de vingt ans de plus que lui, Laure de Berny, qui sera sa protectrice et son amie jusqu'à ce qu'elle meure en 1836. Sa jeune sœur Laurence, mal mariée, s'éteint, autant de misère morale que de maladie, en 1825. Les spéculations de Balzac sur l'édition ne lui rapportent que des dettes. Il se fait imprimeur puis fondeur de caractères et connaît, là aussi, un désastre financier qui ruine sa famille et pèsera sur sa vie entière. Il cherche alors une nouvelle fois le salut dans l'écriture et, en 1828, se retire à Fougères chez le général de Pommereul pour rédiger *Le Dernier Chouan* qu'il signe de son nom et qui le fait accéder, sinon à la fortune, du moins à un début de renommée littéraire.

HONORÉ DE BALZAC

C'est une autre vie qui commence pour lui avec cette première reconnaissance qui sera confirmée par le vif succès de *La Peau de chagrin* en 1831. Il entre dans l'équipe naissante d'Émile de Girardin* et fait ses débuts de journaliste et de feuilletoniste. À partir de 1830, il adopte la particule et signe Honoré de Balzac. Il fréquente les salons littéraires et les plus grands auteurs de son temps, mène une vie mondaine et luxueuse qui ranimera indéfiniment ses dettes. Il se lie avec la marquise de Castries et à travers elle, avec les milieux conservateurs. Ayant très vite analysé la Révolution de 1830 comme la prise du pouvoir par la bourgeoisie d'affaires et le blocage de toute possibilité d'une Révolution réelle pour longtemps, il va chercher une solution politique dans un légitimisme* moderne, organisateur et unificateur.

Il fournit un travail énorme, écrit jusqu'à plus de seize heures par jour. Ses corrections sur épreuves témoignent de ce formidable labeur : elles sont toujours des enrichissements, de véritables explosions du texte.

En 1836, une nouvelle faillite l'oblige à vivre plus ou moins clandestinement à Paris et à ralentir sa production littéraire. Cependant, à partir de 1841, il entreprend d'organiser son œuvre dans l'immense *Comédie humaine* qui paraîtra en 1848 en dix-sept volumes, plus un posthume en 1855.

L'ÉTRANGÈRE

Mais il voyage, aussi. En Suisse, en Autriche, en Italie, en Sardaigne où il songe, sans résultat, à relancer l'exploitation de mines d'argent romaines. Il connaît de nombreuses amours, la duchesse d'Abrantès, Maria du Fresnay, qui lui donne en 1834 une fille (morte seulement en 1930), la comtesse Visconti, dont il a un fils, et bien d'autres.

À partir de 1832, une comtesse polonaise, propriétaire terrienne en Ukraine, Mme Hanska, qui signe ses lettres «l'Étrangère», entre en relations avec lui. Une longue intrigue, une volumineuse correspondance vont unir Balzac et Mme Hanska, qui sera pour lui une sorte de point fixe dans une vie extraordinairement agitée. Il la rencontre à travers toute l'Europe et plusieurs fois en Russie. Elle lui donne un fils dont la mort à la naissance, en 1846, l'affecte profondément, tandis que sa propre santé, du fait d'un travail excessif, est depuis 1841 fort altérée. Lorsque Mme Hanska devient veuve en 1848, il ne songe plus qu'à l'épouser, mais c'est seulement en 1850, en Ukraine, que se célèbre enfin le mariage tant désiré par Balzac et si longtemps retardé par la famille de l'Étrangère, réticente devant ce français couvert de dettes.

Les deux époux rentrent en France, mais Balzac, malade et épuisé, meurt à Paris le 18 août 1850.

REPÈRES

VIE ET ŒUVRE DE BALZAC	ÉVÉNEMENTS POLITIQUES, SOCIAUX, CULTURELS
1799 Naissance de Balzac à Tours.	1799 Coup d'État de Brumaire. Consulat.
	1802 Bonaparte consul à vie. Chateaubriand, *René ; Génie du christianisme*.
1807 En pension à Vendôme chez les oratoriens.	
1814 Avec sa famille à Paris.	1814 Abdication de Napoléon.
1816 Faculté de droit.	1816 Benjamin Constant, *Adolphe*.
1819 *Cromwell* : un échec.	
	1820 Lamartine, *Méditations poétiques*.
1822 Début de la liaison avec Laure de Berny. Romans de jeunesse sous des pseudonymes divers.	1822 Loi contre la presse. Exécution des quatre sergents de La Rochelle. Vigny, *Poèmes*.
	1824 Charles X succède à Louis XVIII.
1826 Balzac imprimeur.	
1829 *Le Dernier Chouan*.	1829 Ministère ultra* Polignac.
1830 Balzac journaliste. Premières *Scènes de la vie privée*.	1830 Révolution de juillet. Chute de Charles X. Hugo, *Hernani.* Stendhal, *Le Rouge et le Noir.*
1831 *La Peau de chagrin*. Vie mondaine et ruineuse.	1831 Hugo, *Notre-Dame de Paris*.
1832 Entrée en relations avec Mme Hanska. *Louis Lambert.*	1832 Épidémie de choléra en Europe.
1833 Première rencontre à Genève avec Mme Hanska.	1833 Loi Guizot sur l'enseignement primaire.
1835 *Le Père Goriot*.	
1836 *Le Lys dans la vallée.*	
1838 Séjour en Sardaigne. Projets industriels.	1838 Hugo, *Ruy Blas*.

VIE ET ŒUVRE DE BALZAC	ÉVÉNEMENTS POLITIQUES, SOCIAUX, CULTURELS
	1839 Stendhal, *La Chartreuse de Parme*.
	1840 Gouvernerment Guizot.
1841 Contrat avec Furne pour *La Comédie humaine*. Mme Hanska devient veuve.	
1842 *La Rabouilleuse.*	
1843 À Saint-Pétersbourg auprès de Mme Hanska. *Une ténébreuse affaire.* *Illusions perdues.*	1843 Wagner, *Le Vaisseau fantôme*.
1845 Voyages de Balzac en Europe.	
1846 Naissance et mort du fils de Balzac et Mme Hanska. *La Cousine Bette.*	
1847 *Splendeurs et misères des courtisanes.*	1847 Émeutes et scandales secouent le royaume.
1848 Balzac part pour l'Ukraine.	1848 Révolution de février. Deuxième République. Mort de Chateaubriand. *Mémoires d'outre-tombe.*
1849 Crises cardiaques répétées. Balzac échoue à l'Académie française.	
1850 Mariage avec Mme Hanska. Le couple rentre à Paris. Mort de Balzac le 18 août.	1850 Vote de la loi Falloux. La loi électorale restreint le suffrage universel.

L'œuvre littéraire

L'ŒUVRE DE JEUNESSE

La première production de Balzac est marquée par l'influence de Walter Scott et la mode du roman noir en ce début de XXe siècle. Pourtant, on y trouve une certaine liberté vis-à-vis de ses modèles, qui lui permet de parodier ces genres plus qu'il ne les suit : c'est vrai pour *L'Héritière de Birague* ou *Clothilde de Lusignan* en 1822. On y trouve aussi certaines figures qui seront par la suite développées par Balzac, celle, par exemple, du jeune homme beau, talentueux, mais qui se heurte à l'obstacle social *(Le Vicaire des Ardennes)*. La peinture des milieux et des types s'y amorce aussi : *Wahn Chlore*, toujours en 1822 est déjà un roman réaliste et intimiste, d'ailleurs fort inspiré par la tragédie familiale des Balzac, et dénonce les frustrations imposées par la société moderne, particulièrement aux femmes.

En 1825, les recherches de Balzac esquissent des figures qui mèneront au personnage de la recherche de l'absolu que sera Louis Lambert. Le *Code des gens honnêtes* comme *La Physiologie du mariage*, s'ils s'éloignent de la forme romanesque, annoncent le projet réaliste et, en 1828, naît l'idée d'un cycle de romans consacrés à l'histoire de France.

L'ÉLABORATION DE *LA COMÉDIE HUMAINE* : UN PRODIGIEUX ÉDIFICE

Dès 1830, Balzac publie six récits sous le titre de *Scènes de la vie privée*, premier signe d'une intention organisatrice, et, en 1834, d'autres « Scènes » sont annoncées qui seront les subdivisions d'un vaste ensemble : les *Études du cœur*, elles-mêmes destinées à être suivies d'*Études philosophiques* et d'*Études analytiques*. C'est aussi en 1834 que Balzac commence à appliquer l'idée d'un retour des personnages d'un roman à l'autre.

Mais ce n'est qu'en 1841 qu'il signe avec l'éditeur Furne un contrat pour la parution de ses œuvres complètes sous le titre de *La Comédie humaine*. Si Balzac prévoyait dix-sept volumes, ce sont finalement quatre-vingt-quinze ouvrages achevés qui nous restent, quarante-huit autres ayant été seulement projetés ou ébauchés. De 1834 à 1848, l'énorme travail de Balzac ne sera pas seulement de composition mais de réédition, de modification, d'intégration. C'est une véritable architecture qu'il crée, dont il affirmera tout au long de sa vie le caractère essentiellement philosophique, présentant les romans comme l'illustration d'une théorie dont il jette les bases dans l'*Avant-propos* de l'édition de 1842.

UN RÉALISME VISIONNAIRE

Balzac se réclame à la fois des historiens, de Walter Scott et des naturalistes de son siècle: en décrivant le monde on peut l'expliquer et dégager les «principes naturels» qui régissent les sociétés humaines. «Ainsi dépeinte, la société devait porter avec elle la raison de son mouvement», écrit-il.

Enfance, adolescence, âge des passions et des ambitions, goûts et vices de la capitale, existences d'exception dans la vie politique ou militaire, utopies qui seront comme «le soir de cette longue journée», enfin, peinture dramatique des «ravages de la pensée»: ainsi Balzac décrit-il la progression qu'il entend dessiner des *Études de mœurs* aux *Études philosophiques.*

Mais le dynamisme du grand œuvre en dit peut-être plus que ce sage «système», et pour comprendre la puissance de l'évocation de l'énergie vitale en action dans cette énorme fiction capable de saisir le processus moderne de l'histoire, il faut affronter l'ensemble de l'œuvre et y saisir les grandes forces en action.

On ne peut ici que les nommer, après P. Barbéris ou M. Zeraffa et renvoyer à la lecture de leurs analyses :

– les figures du jeune homme et de son initiateur, de la femme, du «héros sauvage» – le hors-la-loi, l'exclus – traversent l'œuvre et y mettent en jeu des passions: amour, avarice, ambition, volonté de puissance, qui sont vues par Balzac comme les produits de la vie sociale, mais aussi son moteur: «si la pensée ou la passion, qui comprend la pensée et le sentiment, est l'élément social, elle en est aussi l'élément destructeur. En ceci la vie sociale ressemble à la vie humaine», écrit-il dans son *Avant-propos*.

– des thèmes fantastiques, l'ésotérisme* même, traversent le réalisme balzacien qu'on ne peut comprendre que comme une «vision» du réel, la création d'un univers et non sa copie. Mais comme telle, d'autant plus capable de montrer les vraies souffrances, les véritables questions qui parcourent la France nouvelle, «révolutionnée», et qui fondent le monde moderne qui est encore le nôtre.

Sommaire des *Chouans*

Vendémiaire an VIII, fin septembre 1799. Le chef de demi-brigade Hulot escorte vers Mayenne une colonne de conscrits levés par la République dans la région de Fougères. La Bretagne semble de nouveau prête à se soulever et les Blancs attendent un jeune chef surnommé le Gars, qui pourrait fédérer les luttes vendéennes et chouannes pour favoriser une restauration que les faiblesses du Directoire et l'attitude ambiguë du général Bonaparte rendent de nouveau plausible. Une embuscade surprend la colonne, les Chouans sont menés par un aristocrate à l'élégant héroïsme.

Deux mois plus tard, après le coup d'État du 18 Brumaire, Hulot reçoit l'ordre d'escorter vers Fougères une jeune femme, Marie de Verneuil, accompagnée de sa suivante et d'un inquiétant muscadin*, Corentin. À l'auberge d'Alançon, les voyageurs font la connaissance d'un polytechnicien et d'une dame qui se dit sa mère, Mme du Gua. Chacun se méfie de tous, mais les deux jeunes gens éprouvent très vite une forte attirance l'un pour l'autre. Hulot, croyant reconnaître le Gars dans le jeune citoyen, veut le faire arrêter. Mlle de Verneuil l'en empêche en exhibant un document officiel qui révèle qu'elle est loin d'être une inoffensive voyageuse. Les deux couples ayant décidé de faire route ensemble vers Fougères, une idylle s'engage entre les deux jeunes gens. La voiture fait halte chez Mme du Gua, à la Vivetière. Là, on découvre que le jeune homme est bien le Gars, le marquis de Montauran, et Marie se voit démasquée, dans une scène dramatique, comme espionne du ministre de la police. L'escorte républicaine est massacrée par les Blancs.

Ayant elle-même échappé de peu à la tuerie, Marie rejoint Fougères, pleine d'un violent désir de vengeance car elle s'estime trahie par Montauran. Mais en proie aux incertitudes de la passion, elle hésite toujours entre la vengeance et l'amour. Quand elle découvre que Montauran l'aime, elle décide de l'épouser et de fuir avec lui. Mais Corentin, l'œil du ministre de la police dans toute cette affaire, découvre ses intentions et, la trompant par un faux message, lui fait croire que Montauran veut s'amuser d'elle. Marie organise alors avec Hulot la capture du marquis à l'occasion des noces, prévues dans Fougères même. Lorsque, détrompée, elle veut sauver son époux, il est trop tard et c'est dans la mort que Montauran et Marie de Verneuil scellent leur union.

Les personnages

Le marquis de Montauran

Dit «le Gars», jeune chef royaliste envoyé par les princes en 1799 réactiver la guérilla bretonne. Le marquis, idéaliste, croit encore pouvoir imposer par la force à la République une Restauration sans concessions, alors que ses mandants* espèrent seulement lui voir remporter quelques victoires qui leur permettraient de peser dans une négociation avec Bonaparte. Désillusionné lorsqu'il découvre cette vérité et la mesquinerie des nobles dont il a pris le commandement, il n'hésite pas à jouer sa vie pour satisfaire sa passion amoureuse. Avec lui disparaissent les dernières chances de la rebellion de l'Ouest.

Marie de Verneuil

Jeune femme au passé mystérieux et à l'identité incertaine, envoyée par Fouché séduire et livrer le marquis de Montauran, elle en tombe amoureuse. Nature passionnée et vulnérable, elle craint de n'être que l'objet d'un désir passager chez Montauran. Trompée par Corentin, dans un accès de jalousie, elle livre le Gars qu'elle tentera ensuite en vain de sauver au prix du sacrifice de sa vie. Femme à la nature double, perfide courtisane et victime pure, pour qui l'amour est le seul refuge d'une grande âme en ces temps de pourrissement de l'Histoire, elle est la preuve incarnée de l'impossibilité du bonheur privé, et surtout de l'épanouissement féminin au cœur des contradictions de la société nouvelle.

Francine

Compagne dévouée de Marie qu'elle protège, profitant de ses relations avec le chouan Marche-à-terre à qui elle a été autrefois fiancée. Elle est, tout au long du roman, un regard qui scrute la nuit ou les coulisses de l'action, femme-ange qui sauvera sa maîtresse plusieurs fois, sans pouvoir, cependant, empêcher la tragédie finale.

Madame du Gua

Autrefois maîtresse de Charette*, récemment encore celle du Gars, elle est, comme femme et comme aristocrate, doublement victime de ces temps troublés, mais aussi le visage noir, cruel et sans scrupules de la chouannerie devenue brigandage. Elle tente en vain de persuader le marquis de Montauran d'adopter sa vision cynique de la politique et de l'Histoire et cherche à perdre Marie par tous les moyens, autant par jalousie féminine que par désir de conserver le jeune et brillant chef à la cause du roi.

Hulot

Chef de demi-brigade (colonel) républicain. Chargé de pacifier l'Ouest, il traque le Gars. Ennemi des voies détournées, simpliste dans sa naïveté politique de militaire amoureux de l'ordre, il est prêt à voir dans Bonaparte le continuateur éclairé de la République. Il s'oppose à plusieurs reprises à Corentin, sentant confusément que sa France n'a que peu à voir avec celle du policier, mais incapable de comprendre vraiment les voies de ce dernier.

Corentin

Envoyé de Fouché, il est, comme son maître, prêt à tous les doubles jeux. Le génie de Corentin est de tout voir. Capable de percer le brouillard des intrigues de Mlle de Verneuil comme celui qui noie Fougères, il s'aveugle pourtant un moment sur ses chances de convaincre Marie de faire carrière à ses côtés. Cependant, il maîtrise suffisamment son désir pour le soumettre à sa volonté de puissance et ce sont ses manigances qui décident du dénouement de la tragédie. Il représente, comme et avec Fouché, la face sombre de la France révolutionnée, le garant sinistre de l'ordre dans l'ombre duquel l'argent pourra fructifer.

D'Orgemont

Acheteur de biens nationaux, frère d'un curé jureur*, il est à la fois le personnage classique et un peu grotesque de l'avare et celui de l'investisseur moderne. Il traverse le roman sans jouer dans l'intrigue un rôle direct, mais il représente, avec Corentin, la France nouvelle. Le véritable ennemi des paysans bretons c'est ce bourgeois patriote et laïc, leur nouveau maître dans un monde d'où les seigneurs vont disparaître, remplacés par les possesseurs du capital, libéraux, héritiers de la Révolution, figures essentielles de la *Comédie humaine*.

Résumés et commentaires

Référence : Folio 84.
Le texte, étant celui de l'édition de 1845, ne comporte pas de chapitre mais trois grandes parties titrées par Balzac.

I- LA PÈLERINE (p. 21-73)

COMMENTAIRE

Tout ce bloc, lente approche du sujet, met en valeur les paysages dramatisés, individualisés plus que les personnages. Le passage représente une application extrême des principes du roman historique à la Walter Scott : l'œuvre apparaît d'abord comme un roman des masses d'où émergent des types* plus ou moins caractérisés.

Balzac construit un entrelacement description-digression-action-dialogue dans lequel chacune de ces techniques d'écriture est porteuse d'informations sur les conflits à venir.

Aux deux tiers de cet ensemble, quand l'attaque tant attendue se produit, les personnages romanesques peuvent faire leur véritable entrée dans l'Histoire et dans l'histoire par le biais du double portrait du Gars et de Hulot.

Cependant, il faut noter qu'à l'issue de cet ensemble initial, malgré les réseaux convergents d'explications fournis par l'exposition, le sens même de ce premier combat reste en suspens.

I-1 (p. 21-43)
Bretagne / Vendémiaire, an VIII, une troupe hétérogène

RÉSUMÉ

Dans les derniers jours de septembre 1799, une demi-brigade de soldats républicains, menés par leur chef Hulot, convoient à marche forcée une troupe de conscrits du district de Fougères vers Mayenne. Trois ans après la pacification de l'Ouest par Hoche, la guerre y reprend alors que la République est menacée sur toutes ses frontières par l'étranger et, à l'intérieur, par la décadence des idéaux et la corruption des hommes. Si l'on peut lire sur les étranges costumes traditionnels des réquisitionnaires de Fougères leurs différences sociales, leur attitude trahit aussi leurs divisions idéologiques.

Alors que les républicains marchent joyeusement, les autres, visiblement mélancoliques et de mauvaise volonté retardent la colonne en traînant les pieds. Hulot, inquiet de l'étirement de sa troupe, ordonne une halte au sommet de la côte de la Pèlerine. Ses officiers et lui-même observent de là un paysage de bocage dont la beauté les émeut.

Cependant alors que Hulot, revenant à son devoir, s'interroge à haute voix sur les raisons du retard de ses conscrits, une curieuse figure, surgie de nulle part lui répond: «là finit la Bretagne». Cet inquiétant personnage, mi-bête mi-homme, sorte de génie incarné de la Bretagne, s'installe parmi les Bleus et, ne révélant que son surnom de chouan, Marche-à-terre, s'enferme dans un profond mutisme, malgré les pressantes questions de Hulot sur son origine et ses intentions.

Une digression du narrateur analyse le sous-développement de la Bretagne, dans lequel il trouve des raisons plus profondes que dans les conflits politiques généralement allégués, aux convulsions qui marquèrent dans l'ouest de la France le tournant du XIXe siècle.

Les Chouans ou *Le Dernier Chouan* ?

Les premières lignes du roman sont posées en contradiction avec son titre. Si ce dernier semble renvoyer à l'héroïque épopée de la chouannerie, donc de la République, la date de 1799 nous place au moment d'un double pourrissement de l'Histoire avec le ralliement des chefs rebelles de l'Ouest à une République qui s'abandonne aux mains d'un dictateur et de ses policiers, garants de l'ordre bourgeois.

L'*incipit** d'un roman historique

Quand ?

On remarquera l'effet de réel produit par la précision des premiers mots, mais aussi le jeu de la double datation. Le lexique de la Révolution est mort et est, pour le lecteur, producteur d'émotion, mais aussi de dépaysement. Il souligne l'éloignement de ce monde dont l'automne et l'hiver 1799-1800 voient les derniers instants. On est loin du triomphalisme des premières lignes de *La Chartreuse de Parme* de Stendhal. Pourtant, la première partie du roman baigne dans la lumière du soleil levant, dont les rayons, dissipant les brumes, «dévoilent» le paysage.

Où ?

Même illusion de réalité dans la toponymie*, précise, exacte. Mais les lieux sont ici également symboliques. Cette marche sur la grand-route, c'est aussi notre entrée dans l'espace romanesque. La route, le chemin, sont d'ailleurs des lieux privilégiés de l'œuvre. Ici, la voie dégagée qui relie une ville à l'autre, appartient au monde révolutionné, contrôlé. Mais la fragilité de cette maîtrise de l'espace par les Bleus ne tardera pas à se révéler et Hulot la soupçonne, qui cherche à dominer le terrain pour le comprendre, du haut de la Pèlerine. Nous sommes aux marches de la Bretagne, comme nous étions, par la date, à la frontière entre deux siècles. C'est donc un lieu qui peut susciter l'émotion, esthétique ou sentimentale, mais qui est surtout propice à la révélation des divisions, des crises.

Qui ?

Divisions, différences, ce sont encore les maîtres-mots pour ce qui concerne les personnages dans cet *incipit*.

On passe d'une masse d'une centaine d'hommes au paysage qui les a formés, sécrétés, et qui se révèlera un actant* à part entière, puis à un «homme-paysage»: Marche-à-terre. On passe aussi par toutes sortes de nuances, de la sauvagerie à la civilisation, des paysans bestiaux aux officiers républicains marqués par leurs «études distinguées». On va de l'anonymat des personnages à valeur documentaire à l'existence individuelle des personnages romanesques. L'uniformité des Bleus s'oppose à l'hétérogénéité des Blancs. On peut enfin constater la répétition d'une figure d'opposition entre bretons et soldats d'une part, Hulot et Marche-à-terre d'autre part.

Qui Parle?

Un narrateur omniscient*. Il est celui qui peut expliquer, par ses digressions et ses commentaires, ce qu'il donne à voir par ses descriptions. L'Histoire élucide le sens des choses vues.

Qui voit?

Le narrateur prend en charge une bonne partie des descriptions qui concentrent les informations sociologiques comme psychologiques ainsi que les digressions.

Mais aussi les personnages, acteurs et témoins, qui ont une vision partielle des choses et leur attribuent un sens qui peut être faux.

Descriptions: Le réalisme balzacien

Un réalisme pittoresque?

S'il y a bien dans les premières pages du roman un «exotisme» de la Bretagne, il n'est nullement gratuit. La description détaillée et ordonnée des conscrits bretons ne vise pas seulement à étonner ou divertir: elle explique. Il faut être attentif à chacun de ses éléments qui dit les nuances sociales qui séparent paysans, laboureurs, citadins, et matérialisent en quelque sorte un passage de la nature à la culture, de l'attachement à la glèbe à la curiosité pour l'ailleurs: les plus frustres sont aussi les plus lents à avancer sur cette route qui mène vers l'est. La profonde diversité de la troupe dit aussi la complexité de la situation: ces bretons ont des intérêts divergents: pauvreté et richesse les divisent aussi bien que leur degré d'éducation.

Un réalisme symbolique

La description symbolique du paysage vu de la Pèlerine souligne par des métaphores les analogies entre les hommes et leur terre: même irrégularité, même énigme, même menace latente. On remarquera bien sûr la métaphore récurrente de la bestialité, l'analogie entre bretons et sauvages amérindiens. Mais notons aussi celle qui est suggérée entre la société révolutionnée et le bagne. Le rôle répressif des soldats Bleus dans ces premières pages ne permet pas d'opposer simplement une mission civilisatrice des républicains à la primitivité bretonne.

Un réalisme fantastique

L'écriture dans le portrait de Marche-à-terre fait surgir un type* dont la fonction est essentiellement symbolique et va atteindre au mythologique. Minéral, animal, confondu avec sa terre, toujours accompagné du lexique de l'ombre, désigné non par son nom mais par son surnom, le personnage devient le génie de la Bretagne. Rattaché aux Gaulois par son costume antique, il touche à l'avenir par son «attitude prophétique». Il est l'incarnation mythologique du combat entre la Bretagne arriérée et la France moderne.

Digressions : les leçons de l'Histoire

À l'ouverture de chaque digression historique ou linguistique, le narrateur s'adresse à une personne virtuelle, voyageur tantôt ignorant tantôt initié, dont l'existence supposée, outre qu'elle justifie l'explication donnée, souligne la conscience qu'a Balzac de la difficulté présentée par la lecture du réel, dont il tente, dans ce roman, la reconstitution. Difficulté que les protagonistes de l'action romanesque manifesteront d'ailleurs tout au long du récit, aveuglés qu'ils seront par des combats secondaires, individuels ou politiques.

La métaphore du charbon glacé dans un brillant foyer ou l'analogie bretons-mohicans éclairent le conflit fondamental. La nature du sol breton conduit au bocage c'est-à-dire à l'enfermement et à la dispersion des hommes ainsi condamnés à l'ignorance et au refus des lumières. Là s'enracine l'altérité radicale du sous-développement dans lequel la Bretagne a toujours été rejetée, monde oublié par le progrès et qui fait face à une France entrée dans l'ère capitaliste et préindustrielle, avant même la Révolution. Ce conflit n'est pas le dernier du XVIIIe siècle, mais le premier de l'époque moderne.

I-2 (p. 43-57)
En attendant l'embuscade

RÉSUMÉ

L'éventualité d'une embuscade paraissant de plus en plus probable, Hulot met en place le dispositif militaire nécessaire. Cependant, il tente d'expliquer à ses officiers la situation politique. Le Directoire semble impuissant à maîtriser les dangers qui menacent la République, les défaites se multiplient sur les frontières en l'absence de Bonaparte, bloqué en Égypte. Un jeune chef royaliste connu par son surnom, le Gars, a débarqué dans l'intention de fédérer Vendéens et Chouans et pourrait se trouver à cette heure dans la région de Fougères. Toutes les trahisons sont possibles. Le seul homme fort à Paris, c'est Fouché, ministre de la police.

COMMENTAIRE

Une conversation didactique*

Descriptions et digressions ont suffisamment alourdi la narration depuis le début du roman. Balzac va changer de technique. La conversation amorcée avant la digression sur le sous-développement breton reprend et le dialogue informatif alterne désormais avec la narration qui rend compte de la mise en place du dispositif militaire en prévision de l'embuscade possible.

Après l'état de la Bretagne, l'état des choses à Paris. La symétrie de cette disposition des informations est un peu gommée par le changement de technique romanesque et l'illusion de réalité est sauvegardée par l'échange entre les personnages, lui-même rendu plus naturel par les interruptions justifiées par les besoins de l'action.

Paris

Pourrissement d'un pouvoir impuissant, ralliements et trahisons possibles, la République déchirée entre civils et militaires, voici le tableau qui ressort de cette conversation. On voit ici Gérard défendre l'idéal de l'an II ; pour lui la République est restée «un voyageur chargé de porter la lumière», alors que Hulot et Merle, méprisant les civils, n'espèrent qu'en un général, sauveur de la patrie.

Mais le nom-clef du passage est prononcé par Hulot : un seul homme a le pouvoir de manœuvrer civils et militaires : le chef de la police, Fouché.

Ce qui rend cette conversation particulièrement éclairante, ce n'est pas tant ce qu'elle révèle de la réalité de la situation, c'est l'image qu'elle nous donne de la lecture qu'en font les personnages romanesques, mystifiés et perdus dans la grande confusion de l'Histoire : Gérard n'a pas compris que sa république était morte ; Hulot tient Fouché pour le seul patriote du gouvernement. Enfin, pour le lecteur de Balzac, Fouché n'est pas seulement le régicide et le bourreau de Lyon, mais aussi le futur ministre de Louis XVIII.

C'est dire la perspective historique qui s'ouvre ici. Si la «guerre nouvelle» des Chouans – le lecteur le sait aussi – ne débouchera que sur un brigandage de quelques mois, la «politique nouvelle» des Bleus ne mènera, au bout du compte, qu'au ralliement à la Restauration des Bourbons et tout le roman met en scène des luttes aux perspectives faussées, dont les protagonistes s'abusent.

Amorce de l'intrigue romanesque

Hulot met naïvement en parallèle sa propre action en Bretagne et celle de Fouché à Paris : à eux deux n'ont-ils pas été capables de «déchiffrer» le dernier complot destiné à achever la République branlante ? Ici apparaît un autre intérêt du passage : les trois véritables protagonistes du roman, Fouché, Hulot, Montauran sont habilement mis en place ; l'intrigue romanesque s'amorce, l'histoire est intégrée dans l'Histoire.

Le langage des militaires

Les Chouans est le seul roman achevé des *Scènes de la vie militaire* dans *La Comédie humaine*. Le thème militaire est ici traité comme un élément du réalisme et le langage des soldats et des officiers est intéressant à considérer. Balzac tenait beaucoup à la précision ou à la vraisemblance du vocabulaire technique qu'il lui arrivait d'utiliser dans ses œuvres. Qu'on songe par exemple à celui de l'imprimeur dans *Illusions perdues*. On trouve dans ces pages la trace d'un folklore militaire fin XVIIIe avec les surnoms de La clef-des-cœurs ou de Beau-pied, un vocabulaire technique dans les ordres de Hulot, un vocabulaire surtout métaphorique chez les soldats ou Merle. Le ton que cette langue donne à l'armée est celui de la virilité, d'une naïve rugosité. Le militaire méprise le «pékin», l'avocat, mais il est fils du peuple et si Balzac veut ici profiter du pittoresque de cette figure, il en donne surtout une image valorisante, ce qui est, en 1829, une prise de parti idéologique notable.

Un riche bestiaire

Le langage imagé des militaires peut nous amener à observer ici le bestiaire métaphorique des *Chouans*, quitte à étendre un peu notre étude au-delà de ce passage précis. J. Sablé, dans sa communication au colloque d'Angers : *Vendée, chouannerie, littérature*, résume l'essentiel.

Balzac est parfois inspiré par des expressions de Walter Scott ou par les études de Lavater, penseur suisse allemand de la fin du XVIIIe siècle, qui exposait un art de découvrir le caractère en déchiffrant les traits du visage et en les rapprochant de certains traits, propres aux figures animales. Les yeux verts de Corentin, semblables à ceux d'une vipère sont, par exemple, une application directe de cette théorie ; la tête de Marche-à-terre comparée à celle d'un bœuf en est une autre. Mais c'est surtout dans le langage populaire des soldats et des officiers républicains que se manifeste la fraîcheur et la vigueur du bestiaire balzacien. Les Chouans sont des «hannetons», «des crapauds», les conscrits des «linottes» ou «ces oiseaux-là». Les deux jeunes femmes des «corneilles coiffées» et Marie «une fauvette». Bauvan «un gros papillon» et les courtisans «des cormorans». Beaucoup d'oiseaux, en somme! Mais il ne faut pas oublier les «lapins» que sont ses soldats pour Hulot, ce qui les oppose aux Bretons: «chèvres», «corbeaux», «porcs», «boeufs», «serins». Bien sûr, le choix souligne la volonté péjorative ou méliorative, mais c'est surtout l'incessante métamorphose, la mobilité, la richesse de l'invention du bestiaire qui frappent. Il semble que Balzac exprime ici une ironie amusée à l'égard de l'Humanité.

I-3 (p. 57-73)
Le combat de la Pèlerine

RÉSUMÉ

Le cri de la chouette interrompt la conversation des officiers. Avec des hurlements sauvages les Chouans jaillissent du bois et un combat acharné s'engage, au cours duquel Hulot remarque qu'un jeune aristocrate à l'héroïsme élégant commande les Blancs. Cependant, aucun des deux partis ne prendrait le dessus si la garde nationale de Fougères que, sur les conseils de Gudin, réquisitionnaire républicain zélé de cette ville, le commandant a envoyé chercher, ne venait assurer aux Bleus une douteuse et provisoire victoire. Les conscrits bretons ont rejoint les Blancs. Mais Hulot s'interroge encore sur le véritable motif de cette action, si peu dans la manière des Chouans.

COMMENTAIRE

Civilisation contre sauvagerie.
Une victoire douteuse

Le texte nous encourage par des indications indirectes à lire le combat comme celui de la sauvagerie contre la civilisation. Une première trace visible de cette opposition fondamentale se lit dans les allusions à la nourriture dispersées dans ces pages: galette de sarrazin contre pain de munition, c'est un aliment à peine transformé, opposé à un autre, travaillé, réglementaire, standardisé. Mais surtout, les Bleus tiennent la route, les Chouans sortent du bois. Il faut se souvenir que la route est le lieu de la communication, de la civilisation. Les Chouans se confondent avec les forêts, les bas-côtés, les fossés. Ils jaillissent avec des hurlements féroces. Le champ lexical de l'animal est particulièrement développé dans ce passage, dans son application aux paysans bretons. Il serait bon de l'observer. Face au désordre des Chouans, le texte développe tout un réseau d'expressions montrant l'ordre et presque l'harmonie des mouvements des soldats.

Pourtant la victoire remportée *in extremis* par les Bleus n'a rien de décisif. Elle est assombrie doublement par la fuite des conscrits qui ne fait que souligner le refus massif et obstiné de la République par les Bretons, puis par le nombre des morts à peu près égal à celui des victimes blanches.

Enfin, remarquons que l'issue de ce combat n'en change pas la nature : il reste énigmatique. Qu'est-ce qui a poussé les Blancs à une attaque en masse si peu dans leurs habitudes ? «Il y fait noir comme dans un four», disait Hulot avant l'embuscade. Il conclut, après, à l'entière «obscurité» du «mystère... difficile à percer». Les émissaires de la France «porteuse de lumières» ne maîtrisent guère la situation.

Un double portrait

Ce passage est l'occasion pour Balzac de brosser un double portrait ; celui de Marche-à-terre était placé comme pause descriptive dans la narration. Le chef royaliste et Hulot sont vus dans l'action, le premier par le second, le second par le narrateur. Chacun des deux est un type. L'aristocrate élégant et courageux, à la finesse presque féminine – une constante chez Balzac dans ses descriptions d'homme beaux –, l'officier, incarnation de l'énergie et de la misère rude de la République.

Quelques directions pour l'observation de cette page : on peut s'attacher aux proportions des deux portraits, au mouvement chez Montauran et à la relative massivité de Hulot ; au vocabulaire de la lumière attaché au personnage du jeune royaliste ; aux éléments significatifs des deux costumes ; à ce qui, dans l'organisation du portrait du Gars traduit le regard de Hulot ; enfin, aux manifestations du mystère dans ces lignes : une fois de plus, le commandant tente de déchiffrer le visage de son ennemi : on peut remarquer ce qui fait obstacle à cet effort. On peut être frappé par le caractère relativement stéréotypé du personnage romantique de Montauran; une poésie de convention traduit ici le rêve épique qui anime le jeune homme, rêve qui ne tardera pas à se heurter à la réalité de sa propre cause. Notons déjà qu'il ne communique avec ses hommes que par l'intermédiaire d'un interprète... signe parmi tant d'autres de clivages* profonds dans le camp royaliste.

II- L'ATTAQUE DE LA DILIGENCE (p. 73-94)

COMMENTAIRE

Un jeu sur le temps du récit caractérise ce passage. Deux scènes sont considérées en temps parallèle d'abord, puis un retour en arrière – analepse* – nous ramène avant l'embuscade si bien que nous ne rejoignons le présent du récit dans son déroulement linéaire qu'au moment où la Turgotine tombe entre les mains des Chouans. On peut aussi remarquer une relative concentration de l'action par rapport à l'épisode précédent, tant en ce qui concerne l'espace que le nombre des personnages.

Mais ce qui frappe peut-être le plus, c'est le changement de point de vue: dans un roman qui adopte d'une manière générale le point de vue des Bleus, nous vivons ici un des rares épisodes qui se déroule du côté des Blancs.

II-1 (p. 73-80) Chouannerie ou brigandage

RÉSUMÉ

Chez les Blancs la confusion n'est pas moindre. Les hommes se querellent et leur jeune chef découvre avec dépit qu'ils n'ont combattu les Bleus que pour détourner leur attention d'une voiture qu'ils ont l'intention de piller. Une dame qui semble avoir avec le marquis – c'est le titre que Marche-à-terre emploie pour s'adresser à son chef – des liens sentimentaux autant que politiques, soutient contre lui le droit au pillage des Chouans. Il quitte la place pour ne pas se compromettre dans un brigandage qu'il méprise.

COMMENTAIRE

Dégradation de la solution militaire en brigandage

Si la figure de Montauran et celle de Marche-à-terre dominaient l'épisode précédent, les personnages de Mme du Gua et de Pille-miche le bien-nommé marquent celui-ci. Avec eux se dessine la dégradation du combat en brigandage. Ils sont la face sombre de la chouannerie. C'est eux qui possèdent la clef de l'énigme de l'embuscade : c'est l'or de la turgotine que les Chouans se proposaient de voler; encore fallait-il écarter les Bleus, malencontreusement présents.

La lutte historique devient ici lutte privée, le carriérisme et la fortune sont les enjeux privilégiés du combat, bien plus que la cause. Par ailleurs, la jeune femme tente d'utiliser, pour circonvenir Montauran, les armes de la féminité : de l'escarmouche militaire on passe à l'escarmouche amoureuse.

Un premier personnage féminin

S'il est vrai que Balzac lui trouve des excuses dans son statut de femme – victime sociale toute désignée des temps de trouble – et l'auréole du prestige d'avoir été la maîtresse de Charette, le personnage de Mme du Gua est tout de même, dès le départ, marqué par la cruauté, le manque de probité, la compromission avec l'argent.

L'argent

L'argent se trouve ici au centre de la scène. Pour l'aristocrate qu'est Montauran, c'est un tabou. L'or est fait pour circuler. Il infecte ce qu'il touche et jusqu'à la juste maîtrise de la langue de ceux qui le servent, puisque Mme du Gua ne sait plus distinguer le combat du brigandage : «quel singulier terme», dit-elle. Pire, il fait confondre les valeurs : «l'être» et «l'avoir». À défaut du marquis qui refuse sa collaboration au pillage, Mme du Gua prendra la somme qui devait revenir au jeune chef.

Noms et surnoms

En ce passage du texte où apparaît le personnage de Pille-miche au surnom si révélateur, il semble fécond de s'interroger sur l'onomastique* du roman.

Le nom propre ne désigne pas seulement un individu, il signife, et particulièrement dans le cas des personnages littéraires. L'allusion au calendrier républicain nous a rappelé, dès les premières pages du roman, que la République renommait. Les Chouans aussi, par les surnoms qu'ils se donnent, dans une sorte de parodie des décrets de l'ennemi. Ainsi voyons nous apparaître Marche-à-terre, être végétal et minéral, massif, de petite taille, à la vision bornée, incarnation de sa terre natale. Mais son nom, Pierre Leroi, est aussi une véritable et double proclamation, surtout si nous nous souvenons que son amie Francine porte le nom de la nation. Pille-miche, Galope-chopine, Mène-à-bien affichent leurs activités préférées dans leurs surnoms. Mais ce n'est pas sans ironie non plus que, parmi les républicains, la clef-des-cœurs se trouve être celui qui ne sait rien «ouvrir», rien déchiffrer: ni le tatouage de Marie Lambrequin, ni la proclamation de Bonaparte, ni le paysage piégé de la Vivetière (Vivetière, lieu de vie où l'on meurt).

Le nom de guerre est un masque, l'épilogue nous le rappelle indirectement, nous montrant la transformation de Marche-à-terre en Monsieur Leroi. Le fait que les «sauvages» ne portent pas ou peu leur nom «chrétien» dans ce texte, n'est sans doute pas innocent non plus.

Quant au nom des personnages principaux, même si certains d'entre eux sont arbitraires (Montauran), ce n'est pas le cas de tous. D'aucuns pourraient passer pour des surnoms comme celui de d'Orgemont, d'autres sont des noms d'emprunt. Ainsi en est-il pour Mme du Gua qui conserve tout au long du texte le faux nom si étrangement proche de celui du Gars, qu'elle a choisi pour jouer les amantes-mères. Il faut enfin rappeler que la légitimité du nom est au centre du mystère de Mlle de Verneuil, dont le prénom virginal «Marie» est associé à un patronyme que la bâtardise rend incertain.

II-2 (p. 80-94)
L'attaque de la turgotine

RÉSUMÉ

Dans le courrier de Mayenne à Fougères, pendant ce temps, un patriote et l'abbé Gudin échangent quelques propos sur la situation politique avec le conducteur, tandis qu'un troisième voyageur reste prudemment muet. S'ils parviennent à n'être pas pris dans l'escarmouche, ils ne peuvent échapper aux Chouans restés en embuscade sur le haut de la Pèlerine. Tout un jeu de dupes se révèle alors: le «patriote» n'est autre que le Chouan Pille-miche, l'abbé Gudin est l'aumônier des Chouans et l'or volé dans la voiture appartenait à la jeune maîtresse du marquis qui doit faire, devant le pillage de son bien, contre mauvaise fortune bon cœur. Un courrier, à elle adressé, par ailleurs, l'appelle à la vigilance: Fouché a l'intention de faire séduire le Gars par une belle espionne à sa solde. Le troisième passager, le bourgeois d'Orgemont, acquéreur de biens nationaux, est rançonné à quinze jours par Pille-miche et Marche-à-terre.

Une voiture comme allégorie du désordre

La digression ironique qui ouvre ce passage peut être considérée comme sursignifiante : outre son intérêt purement didactique et historique, elle a celui de désigner le désordre et l'anarchie du temps et du lieu.

Le nom de cet engin est indéchiffrable : lui a-t-il été donné par admiration ou par haine de la capitale centralisatrice ? Est-il chose ou être vivant ? Relevant d'abord du champ lexical de l'instrument de torture, il devient un vieillard décrépit, geignant et se trainant. Les voyageurs qu'il transporte sont tous autre chose que ce qu'ils font semblant d'être, et, comme la société tout entière, il oscille plus qu'il n'avance, toutes structures brouillées, sa nature altérée. On a donc bien là une véritable allégorie du désordre des temps.

Permanence du thème de l'argent

Il n'est guère question d'autre chose que d'argent dans la conversation – ou le silence – des voyageurs de la turgotine. À travers l'abbé Gudin et ses rapports au pillage, c'est l'Église tout entière que Balzac observe dans son rapport à la dîme*.

On voit se dessiner, lorsque d'Orgemont est identifié, le personnage de l'acheteur de biens nationaux, bénéficiaire de la Révolution, qui réapparaîtra sous tant de figures de la *Comédie humaine*, tant il est à la racine de toute analyse de la société révolutionnée.

L'idée de Fouché

Pour la première fois dans le roman est évoquée l'idée de Fouché. Espionnage et police relaient le combat militaire : que cette nouvelle vision de la politique par les Bleus intervienne dans le contexte de la dégradation de la lutte des Blancs en brigandage, n'est pas indifférent : les deux mondes avancent parallèlement vers une décadence des valeurs.

III- L'IDÉE DE FOUCHÉ (p. 94-156)

COMMENTAIRE

Avec les proclamations de Bonaparte qui suivent le 18 Brumaire et l'apparition du personnage de Marie, envoyée en Bretagne par Fouché pour séduire et trahir le Gars, on a affaire à deux aspects ouvert et fermé d'un même thème: la dégradation de l'Histoire.

Répression et encouragement au ralliement auront raison des Bretons, des moyens de police répondront du dernier chef royaliste qui pouvait inquiéter la République. On est loin des grandes luttes héroïques à visage découvert de 1793.

Par ailleurs, plus on avance dans le texte, plus on voit le champ se rétrécir: de la fresque des premières pages dressée dans un espace ouvert, on va passer ici à l'espace fermé de l'auberge où va se jouer une sorte de tragi-comédie en cinq scènes entre les protagonistes* du roman.

III-1 (p. 94-100) Le pourrissement de l'Histoire

RÉSUMÉ

Hulot et ses soldats sont arrivés à Mayenne. La situation est catastrophique. L'insurrection fait rage dans toute la Bretagne et la Vendée s'agite. Le Gars, marquis de Montauran, organise la rébellion. Le gouvernement républicain n'envoie plus aucune directive de Paris.

Cependant, on apprend le coup d'État du 18 Brumaire et les proclamations de Bonaparte sont affichées. Aux Blancs est adressé un appel au ralliement, aux soldats des encouragements à la discipline et à l'efficacité. Si Gérard, second de Hulot, véritable républicain, s'inquiète, le commandant, le lieutenant Merle et les soldats se réjouissent: un militaire est au pouvoir. L'ordre reviendra bientôt.

Le roman historique

Suivant les principes du roman à la Walter Scott, Balzac ne fait intervenir les personnages historiques qu'indirectement dans son œuvre, laissant le champ du roman aux personnages fictifs, types qui incarnent les principales forces de la société observée. Ainsi Bonaparte n'apparaîtra dans *Les Chouans* qu'en ces pages, à travers ses proclamations.

On peut trouver ici un exemple du remaniement de l'Histoire par le romancier : Balzac utilise les proclamations du 28 décembre 1799 et du 5 janvier 1800, ainsi que deux paragraphes de l'adresse aux départements de l'Ouest du 2 janvier 1800, dans une habile refonte qui ne trahit pas la réalité historique mais permet une meilleure intégration de ces textes dans le contexte romanesque.

Les mystifications de l'Histoire

Bonaparte sera donc une figure du Père, figure occulte*, de l'ombre, qui ne se manifeste que par ses écrits paternels ou impérieux. Le soulagement de Hulot devant ce déploiement d'ordres apparemment clairs est manifeste. Mais l'autorité qui gouverne le commandant, c'est moins Bonaparte que Fouché, et l'on voit dès ce premier roman, que, pour Balzac, si le pouvoir est toujours oppression, le plus efficace est aussi le plus indirect.

Devant ces proclamations rejouent les failles qui séparaient Hulot et Merle, l'un naïf, l'autre arriviste, tout prêts à mythifier Bonaparte, de Gérard, qui sait voir dans la disparition du niveau de 1793 sur les affiches, plus qu'un emblème, un problème. L'aveuglement de deux sur trois des officiers est souligné par celui des soldats illettrés, pour qui l'Histoire est une énigme aussi difficilement déchiffrable que le paysage breton l'était pour Hulot. Les militaires républicains, s'ils ne comprennent pas leur ennemi, ne comprennent pas non plus vraiment les desseins de ceux qui les dirigent.

Une promesse d'ordre social

La première proclamation est centrée sur le rétablissement de l'ordre. La seconde développe un appel à la discipline militaire. Si l'on se souvient de l'importance du thème de l'argent dans le bloc précédent, de l'apparition qu'y faisait le personnage de d'Orgemont et qu'on comprend bien le symbole qui intrigue les soldats républicains – aux promesses d'égalité de 93 représentées par le niveau des charpentiers succède la réintroduction de hiérarchies nouvelles suggérées par le compas, instrument de mesure –, alors on perçoit que des réalités sociales nouvelles sont là, sous le masque du vocabulaire révolutionnaire et ne tarderont pas à se dévoiler. Nous assistons à la naissance de la France moderne, de la France du XIXe siècle, celle dont les lecteurs, dès 1829, connaissent les valeurs : l'argent et l'ordre social, garants d'une reproduction fructueuse des inégalités.

III-2 (p. 101-116)
L'escorte : de mystérieuses voyageuses

RÉSUMÉ

Deux mois plus tard on retrouve Hulot et ses hommes sur la route de Mayenne à Fougères. Le commandant, obéissant avec mauvaise humeur à des ordres de Paris qu'il ne s'explique pas bien, escorte une voiture dans laquelle ont pris place deux femmes aussi mystérieuses que jolies. Un jeune homme vêtu en muscadin* chevauche à la portière. La conversation entre les deux femmes révèle peu de leur identité : Francine, la suivante et confidente de Marie, semble craindre leur accompagnateur Corentin, et s'inquiète d'une mission qu'aurait reçue Marie qui se montre, elle, à la fois désabusée et avide d'une vie nouvelle et aventureuse.

COMMENTAIRE

Les femmes mystérieuses

Une fois de plus Balzac joue ici avec le procédé de l'énigme. Le mystère se manifeste sous différents aspects : le voile qui masque le visage d'une des deux voyageuses, l'étrange apparence du cavalier qui les escorte, leurs appuis inexpliqués dans la hiérarchie militaire et parisienne. Il est redoublé par l'insistante incompréhension de Hulot. Cependant, quelques éléments d'explication nous sont comme distillés au cours de la conversation, quelques bribes du passé, quelques noms ou prénoms.

Les deux femmes se définissent l'une en fonction de l'autre : rapport hiérarchique mais aussi différence de comportement : Francine est anxieuse, Marie désabusée et prête à tout ; différence d'être même, Francine est un ange protecteur ; quelle est la nature de Marie ? Femme passionnée, femme au lourd passé secret, femme victime? La femme souffrance et mystère, figure énigmatique par excellence vient, en parallèle aux premiers passages, relayer, ou plutôt incarner les souffrances et les énigmes de l'Histoire.

Corentin

Un véritable portrait dans une pause descriptive est fait ici de Corentin. On remarquera les yeux verts et surtout la nature vipérine du personnage: cette métaphore lui restera attachée jusqu'à la fin du roman. Son costume est à la fois un signe: les mots «incroyable»* et «muscadin» sont répétés plusieurs fois dans la page, et un masque: sa cravate fait des «contours» un véritable «labyrinthe» dont sa tête sort à peine ; on ne peut déchiffrer son âge, mais il porte plusieurs chaînes de montre: c'est l'homme de la ville, qui domine le temps et sa mesure. Il se tait. Dès son apparition, Corentin est le maître de l'ambiguïté.

III-3 (p. 116-156)
Rencontre à l'auberge des Trois-Maures: les masques

RÉSUMÉ

La voiture fait étape à l'auberge des Trois-Maures à Alençon. L'hôte, malgré les menaces d'un Chouan mystérieux qui n'est autre que Marche-à-terre, offre aux voyageurs de partager le repas d'un jeune polytechnicien et sa mère, arrivés par le courrier de Mortagne et provisoirement immobilisés à Alençon par la rareté des moyens de transport. Marie, qui dit s'appeler Mlle de Verneuil, est immédiatement séduite par le jeune homme comme il l'est par elle. Mais chaque convive du repas soupçonnant l'autre de masquer sa véritable identité, on voit se déployer stratagèmes, mystères et mensonges. Les manœuvres des deux jeunes gens semblent singulièrement agacer la soi-disant mère du polytechnicien, Mme du Gua. L'arrivée de Hulot interrompt brusquement ces escarmouches. Il exige les papiers du jeune homme qu'il soupçonne, sur des indications de Corentin, d'être le Gars et qu'il prétend mettre en état d'arrestation. Mlle de Verneuil l'en empêche, usant d'une lettre contresignée par les ministres et qui lui donne tous pouvoirs. Hulot cède mais, brisant son épée, annonce sa démission. Le «citoyen» du Gua-Saint-Cyr et sa «mère» partageront la voiture de Marie, escortée désormais par Merle et Gérard. Francine, jadis «l'innocente maîtresse» de Marche-à-terre, rejoint celui-ci et tente d'obtenir qu'il épargne Marie, que Madame du Gua vient de lui ordonner d'éliminer à la première occasion.

COMMENTAIRE

Où l'intrigue se noue

Deux mois ont passé depuis les proclamations de Bonaparte. À partir de ce moment dans le texte, nous pourrons compter chacun des onze jours qui nous séparent du dénouement. D'autre part, les protagonistes sont enfin au complet. On peut donc dire qu'à travers d'assez longues approches, toutes les forces historiques et romanesques ont convergé vers l'auberge des Trois-Maures.

Une structure dramatique*

On pourrait lire cet épisode comme une petite pièce de théâtre en cinq tableaux aux tons assez variés. Peut-être faut-il se souvenir ici du projet initial de Balzac: écrire une pièce, *Tableau d'une vie privée*, sur le thème de ce qui, par la suite, est devenu le roman *Les Chouans*.

Premier tableau:

Dans la cuisine. La farce tragique: Marche-à-terre, dans une pantomime inquiétante, terrifie l'aubergiste. Ce dernier tient un langage de comédie: «comment allons-nous faire, ma femme?». L'entrée de Montauran est on ne peut plus théâtrale, caractère souligné encore par la quadruple répétition à cet endroit de «laquelle»? On peut encore ajouter à cela la comédie de la fausse mère qui pousse Montauran à remarquer: «quel rôle me faites-vous jouer?».

Deuxième tableau:

Dans la chambre où la table est servie: la comédie de la séduction. À cette représentation, il faut des costumes. Y pourvoient la robe verte savamment calculée de Marie – Balzac attribue volontiers cette couleur aux robes des filles faciles de son œuvre (au contraire du rose des femmes vertueuses) – et l'habit du polytechnicien. La nette dominance des dialogues dans cette séquence renforce encore son caractère dramatique et chaque personnage sans exception joue ici un rôle de composition.

Troisième tableau :

Même lieu. L'entrée de Hulot est un véritable coup de théâtre. Le commandant a le ton, et surtout, lorsqu'il brise son épée, la gestuelle mélodramatique. On remarquera encore les échanges de regards qui sont de véritables jeux de scène.

Quatrième tableau :

Dans la chambre de Marie. Nouvelle comédie de la séduction. Cette fois Marie s'attaque au capitaine Merle et sur un ton mi-sérieux mi-plaisant, joue le personnage d'un général en jupons auquel Merle accepte volontiers de donner la réplique.

Cinquième tableau :

Dans la cour et les écuries. Après les maîtres, les serviteurs. On retrouve ici la structure propre aux comédies classiques. Cette scène entre Francine et Marche-à-terre est le double de celle jouée par Marie et Montauran.

Le polytechnicien

Que Balzac ait choisi d'habiller Montauran en polytechnicien n'est pas indifférent : ce personnage est pour lui le représentant de la noblesse nouvelle : celle des grandes écoles, noblesse de la science, indépendante de la naissance (qu'on lise par exemple *Le Bal de Sceaux*). Pourquoi Montauran, donc ? Trop jeune pour avoir connu Versailles, le marquis est exempt de la pourriture du XVIIIe siècle. Il doit l'être aussi de la pourriture moderne représentée par un Corentin et, joignant ici pour un instant la noblesse de l'esprit à celle du sang, il peut, pour la deuxième fois dans le roman, après s'être montré digne de lui par sa grâce et son courage physique, s'opposer à Hulot comme un héros pur, contrepoint d'une société qui a perdu le sens des vraies valeurs.

IV- UN COMBAT D'AMOUR ET D'ORGUEIL (p. 156-194)

RÉSUMÉ

La malle quitte Alençon en fin d'après-midi. Marchant seuls à côté de la voiture, les deux jeunes gens se livrent à une «lutte courtoise» au cours de laquelle la galanterie se mêle à l'inquiétude essentielle de chacun d'eux: quelle est la véritable identité de l'autre? La passion naissante fait cependant en eux de rapides progrès. Marie exaltée promet tous les sacrifices, mais exige une estime totale. Son compagnon semble prêt à toutes les tendresses. Mais une fausse embuscade permet aux Chouans de le prévenir: «défiez-vous de la fille que vous avez rencontrée à l'hôtel des Trois-Maures». La suite du voyage voit l'orgueil et la défiance succéder aux promesses amoureuses. Le marquis, devenu froid et méprisant, impose une halte à la Vivetière, chez Mme du Gua. Marie lui fait entendre qu'elle n'a plus aucun doute sur son identité et peut le perdre à tout instant en le dénonçant à Merle. On arrive à la Vivetière, dans un décor lugubre de roman noir. Pourtant Marie parvient à dissiper les soupçons pesant sur le marquis, qui lui donne sa parole: l'escorte bleue n'a rien à craindre de lui.

COMMENTAIRE

Concentration

Du champ politique on semble passé au champ psychologique, et l'attention du lecteur est maintenant concentrée sur le seul couple Marie-Montauran, puisque Hulot, Corentin et Mme du Gua sont rejetés à la périphérie. Le paysage lui-même est éliminé par le crépuscule. On est aux limites géographiques (de deux vallées), temporelles (du jour et de la nuit) et si le thème de la route semble revenir, il apparaîtra plutôt ici comme une métaphore du cheminement de la passion.

Un amour-estime

L'amour est pour Marie avant tout lié à l'estime. C'est sans doute ce qui explique que tout le passage soit bâti autour du thème obsessionnel de la recherche ou de la sauvegarde de l'identité. Si Marie garde son incognito et, pour le lecteur comme pour le marquis, son relatif mystère, elle amène Montauran à reculer petit à petit jusqu'à admettre tacitement qu'il est bien le Gars. Remarquons que le lecteur a depuis la première apparition du marquis, progressé lentement, de la silhouette devinée de la Pèlerine, au polytechnicien, à l'émigré traqué... au chef tant attendu de l'ultime rébelion bretonne. Longue marche qui entretient une attente susceptible d'exalter quelque peu le personnage qui, tout au long du roman, restera une figure esquissée.

Un amour-combat

L'amour est donc un combat, une guerre privée. C'est un rapport de forces qui s'instaure entre les deux personnages, et ceci, depuis la lutte courtoise des premiers échanges, jusqu'au jeu torturant de Marie lorsqu'elle tient la vie du marquis entre ses mains et la lui offre avec hauteur.

La marche effrayante de la passion

Cependant, si Marie l'emporte dans cette première série d'escarmouches, elle est elle-même vaincue par la passion. Le texte trahit l'incohérence dans laquelle elle est plongée, par ses mouvements. Successivement, elle s'éloigne de la malle, fuit l'inconnu, rebrousse chemin, revient, s'esquive, cède, puis cherche refuge auprès de ses chaperons. Mais, dans la voiture où nulle autre échappatoire ne reste, c'est à une effrayante marche immobile vers l'abîme qu'elle s'abandonne. Cette incertitude sur le chemin qu'elle prend est comme métaphoriquement redoublée par le détour que le marquis et Mme du Gua imposent à la voiture. Celle-ci quitte la route et c'est là pour Marie un écart doublement fatal.

Le thème feminin

Ce passage est important aussi par la réflexion développée par Marie sur les femmes. La femme balzacienne est avant tout victime, comme elle le dit, d'une «destinée incomplète». Entraînée dans l'Histoire dans des situations interdites à son sexe, Marie est et restera un personnage double: parisienne et bretonne, aristocrate et républicaine, reine et esclave de son escorte, vierge et courtisane. Le thème privé rejoint intimement le thème politique. La recherche de l'authenticité qui est celle de Marie, entre le scepticisme roué du XVIIIe siècle et le cynisme du XIXe siècle fait d'elle, de la femme, le lieu même où se joue l'Histoire. Ces rapports à la femme sont, pour Balzac, le miroir de ce qui se passe dans une société, et des rapports inauthentiques dans le champ de l'amour renvoient à des rapports inauthentiques dans le champ de la politique.

V- LA VIVETIÈRE
(p. 194-255)

COMMENTAIRE

L'épisode de la Vivetière est celui que le roman développe le plus largement. On pourrait y voir un écho de celui de la Pèlerine dans la mesure où le traquenard en lieu clos renvoie à l'embuscade en campagne. Dans une certaine mesure, on retrouve une fresque, mais une fresque moins large que celle des premières pages. Des procédés romanesques mettent en place des scènes d'extérieur, des procédés de théâtre organisent les scènes d'intérieur.

Ces pages ont un thème unique qui se réalise sous diverses formes : la révélation, la mise à nu. Tous s'y dévoilent ou y sont dévoilés : Blancs et Bleus affichant la véritable nature de leurs convictions, cruauté, traîtrise et générosité s'y manifestent mais aussi une part au moins de la vérité du mystérieux personnage de Marie ; et la passion des deux protagonistes s'y enracine plus que jamais dans un excès de haine qui déterminera la structure de toute la dernière partie du roman.

V-1 (p. 194-224)
Blancs et Bleus

RÉSUMÉ

À la Vivetière, les chefs blancs sont réunis. Montauran commente à Marie leurs particularités. Francine, alertée par des mouvements dans l'obscurité se rend compte qu'un traquenard se met en place sur l'ordre de Mme du Gua. Elle obtient de Marche-à-terre une protection pour Marie dans les heures qui vont suivre.

Merle et Gérard, méfiants, ont donné des ordres de vigilance, mais le sergent qui doit faire une ronde dans les environs néglige son devoir. À l'intérieur, Marie médite sur l'image symbolique du passé et de l'avenir de la nation offerte par la tablée qui réunit chefs chouans et officiers républicains, lorsque entre un nouveau convive.

Le décor

Que le château de la Vivetière soit associé au personnage de Mme du Gua est déjà inquiétant. Qu'il se trouve, comme le dit Montauran «à quelques portées de fusil», qu'on y accède «en quittant la grand-route», que son nom puisse suggérer des jeux de langage singuliers (Vivetière-cimetière, Vive-tière-terre où l'on meurt), ce sont autant de signaux que nous fait parvenir le texte. Mais, si un doute subsistait, la Vivetière affiche immédiatement sa véritable nature sous le regard de Marie.

C'est un château de roman noir qui se dresse dans la nuit. La métaphore qui traverse la description est celle d'un grand spectre. Les éléments morbides sont accumulés: abandon, lézarde, bise, pourriture, ruines, carcasse, oiseaux de proie, convoi funèbre. Le surnaturel est suggéré par les arbres aquatiques aux têtes chenues, le squelette du bâtiment se transfome en fantôme, la lune éclaire le tout d'une lumière indécise.

Mais une autre lecture est proposée par Balzac qui voit dans la décadence de cette demeure aristocratique la trace d'une anarchie de l'Histoire, la marque des «temps nébuleux» dans lesquels la Bretagne et sa noblesse ont toujours été plongées, la trace d'une civilisation morte depuis déjà des siècles, bien en deçà des querelles de la politique moderne.

Signe annonciateur d'une mort à venir dans les derniers sursauts de l'agonie cruelle d'une caste qui se survit, la Vivetière est un «bout du monde», une «fin du monde».

Un habile entrelacement

Les extérieurs mêmes de la Vivetière sont un lieu clos parce que embrassés étroitement par les étangs, les talus, les haies. Dans ce décor à la double fermeture, Balzac va ménager une double alternance des scènes privées/politiques et des scènes intérieures/extérieures.

Scène privée intérieure: le marquis, réconcilié avec Marie, l'«avoue» et lui présente les chefs royalistes.

Scène privée extérieure: Francine surprend les Chouans et négocie avec Marche-à-terre la sécurité de sa maîtresse.

Scène politique extérieure: l'installation des soldats bleus et leur négligence de la discipline nécessaire.

Scène politique intérieure: la tablée symbolique des Bleus et des Blancs mêlés et affrontés sous le regard de Marie.

Une mise à nu des motivations : la tablée symbolique

«Après avoir fait de la poésie, Marie retomba tout à coup dans le vrai.» Du roman noir on revient au roman réaliste, au roman historique. Autre forme de «révélation» sur la vérité des lieux et de leurs occupants. Ici encore, tout est «débris»: les boiseries mais aussi les hommes. Les aristocrates que Montauran va nommer et caractériser pour Marie, sont fossilisés dans les manières de Versailles, les roturiers englués dans l'ignorance et la cruauté. C'est un coup de projecteur sur une humanité qui se survit. La compromission de l'Église et la défense des intérêts particuliers, l'aide de l'étranger, les idées de ralliement, tous ces thèmes sont ici évoqués et amènent à la première occurrence d'un motif important: la tentation du départ, la rupture du privé d'avec la politique, le désir de quitter la scène d'une Histoire pourrissante: «nous irions à mille lieues d'ici», propose Marie. «Pierre, pourquoi sommes-nous dans tout ca?», interroge Francine en écho.

Cependant, une page vigoureuse affronte les deux camps dans le face à face symbolique des officiers Bleus et des chefs Chouans. L'avenir et le passé, la nation et les privilèges: la lecture apparemment «bleue» que fait Marie de la scène est plus ambiguë qu'il n'y paraît. Si elle ne peut ignorer l'évidente supériorité de la candeur et de la générosité républicaines, elle s'oblige pourtant à choisir le courage désespéré de ceux qui défendent des valeurs mortes et pourtant admirables en principe: honneur, courage, fidélité à un roi sacré. Une phrase du texte peut éclairer cette apparente contradiction: «Son esprit nourri d'images hésitait alors entre les jeunes et les vieilles ruines» (p. 223).

Les «âmes vraiment républicaines» sont rejetées du côté de l'illusion. La prostitution des idéaux fait de Gérard aussi bien que de Montauran des «fossiles». Balzac exprime ici à travers son personnage un choix affectif qui est surtout un choix critique des déviations de la République.

Vers la tragédie

Enfin, ce passage met en place la tragédie à venir par une série d'indices. À l'intérieur, le regard de Francine, la tension permanente du personnage, nous obligent à une vigilance inquiète. Les manœuvres de Mme du Gua interrompent çà et là le dialogue de Marie et Montauran de façon intrigante. À l'extérieur, le dialogue sinistre entre Marche-à-terre et Pille-miche, les soupçons de Marie et Gérard, en contraste avec la négligence des soldats, la répétition, enfin, du thème de la parole donnée par le marquis, sont autant d'avertissements tragiques.

V-2 (p. 224-234)
La crise : de l'amour humilié à la haine

RÉSUMÉ

Le nouvel arrivant, Bauvan, en voyant Marie, lance une insinuation qui parvient jusqu'à Montauran, le rend fou de rage et de désir de vengeance. À ce moment une fusillade éclate dans la cour : les Blancs, embusqués, massacrent les soldats bleus ; Gérard est tué par Pille-miche et Mme du Gua, se jetant sur Marie, arrache de son corsage la lettre des ministres qu'elle brandit comme une preuve : comme vient de le suggérer le comte de Bauvan, Marie est une «fille», qui plus est, chargée par Fouché de séduire Montauran sous le nom usurpé de Mlle de Verneuil. Celle-ci tente en vain de tuer le marquis et lui jette une malédiction inspirée par quelques mots ironiques qu'il vient de prononcer : «Dieu m'entendra, marquis, je lui demanderai pour vous une belle journée sans lendemain!» Elle est abandonnée par Mme du Gua à Pille-miche sans que Montauran intervienne. Le marquis offre à Merle la vie sauve en reconnaissance de sa grande bravoure. L'officier accepte, mais affirme son intention de tout faire désormais pour abattre Montauran et venger ses camarades. Il sort avec l'intention d'aller au secours de Marie, mais Pille-miche, refusant de prendre en considération le laisser-passer fourni par le Gars au capitaine, tue froidement ce dernier.

COMMENTAIRE

La crise. Procédés dramatiques

Tandis que se met en place à l'extérieur, par des procédés qui pourraient être aussi cinématographiques (alternance de gros plans sur des personnages-types et de plans généraux sur les préparatifs républicains, «coups de caméra» sur le décor sinistre des jardins), le piège qui doit se refermer sur les soldats Bleus, à l'intérieur, la crise va prendre avec l'entrée de Bauvan, un caractère théâtral : apartés, jeux de regards, tension accrue entre officiers républicains et chefs Blancs, réaction spectaculaire, bien qu'encore inexpliquée de Montauran, explosion de la décharge extérieure dans le silence pétrifié de la salle et surgissement des Chouans dans l'espace intermédiaire du perron.

Et, en effet, il est intéressant de noter ici le rôle de ce seuil. Comme au théâtre, l'espace scénique est celui des conflits. Là, chacun lutte pour sa survie. L'extérieur est l'espace de la mort. Entre les deux : le perron, le seuil. C'est le lieu où apparaissent Marche-à-terre et Pille-miche, réduisant à l'impuissance les officiers Bleus. Gérard, franchissant d'un bond le perron, choisit l'extérieur, la mort. Le capitaine, rentrant, accepte la vie, provisoirement. Quand il rejoindra Marie dans le jardin, il tombera à son tour sous les balles de Pille-miche. C'est enfin sur le perron que Montauran affronte Marie, avant de la pousser vers l'extérieur, dans les mains des Chouans. Le caractère théâtral de ces scènes se manifeste encore par les attitudes des personnages : mort dramatique de Gérard et bien sûr, geste spectaculaire de Mme du Gua dénudant Marie, affrontement tragique de celle-ci et de Montauran, profération de la malédiction, pathétique attitude de Francine, fière démonstration de bravoure de Merle.

Remarquons enfin que Balzac laisse encore planer un certain doute sur les révélations de Bauvan, conservant à Marie un voile qui lui laisse encore quelque chose de son mystère.

De la prostitution de Marie à celle de la politique

Le thème de la révélation, de la mise à nu, qui structure tout le passage met en écho des formules et des actes. Le marquis de Montauran souligne la prostitution du sacerdoce à propos de l'abbé Gudin «habitué à se servir de la religion comme d'un instrument», ou celle de la politique : «employer les intérêts particuliers de chacun pour arriver à un grand but : là sont tous les secrets de la politique» (p. 209).

De même les procédés de Mme du Gua «révélant» le personnage de Marie au propre et au figuré, révèle en elle-même la cruauté et la violence dans lesquelles elle confond son action partisane et sa vengeance privée. Comme Marie est traitée en objet, les Blancs sont réifiés* par leurs chefs. «Ce n'est rien, nos gens tuent les Bleus», dit froidement Mme du Gua (p. 229).

Enfin, dans ces scènes on voit les idéaux se dégrader dans des abandons fatals ou des conduites douteuses. Marie abjure son rôle : «républicaine, non je ne le suis plus» (p. 211) ; le marquis manque à sa parole ; les Chouans assassinent les Bleus, les meurtres ainsi commis s'opposant terme à terme aux actes guerriers du combat de la Pèlerine. Et l'on voit, en fin d'épisode, le chef vendéen, loin de répondre à l'attente de Montauran qui compte sur une fédération de l'Ouest pour «plonger (son) épée dans le ventre de la République» laisser entendre son intention de se rallier bientôt au consulat. Encore une fois, on constate dans ces pages, que les rapports à la femme, ici de violence, de dégradation, de prostitution, sont comme le miroir de ce qui se passe dans l'Histoire.

De l'amour humilié à la haine

C'est encore un combat d'orgueil qui unit et sépare les deux protagonistes. À l'humiliation de Marie répond celle de Montauran qui vient de lui offrir sa vie «sans regret et pour toujours» (p. 209), et croit se découvrir joué, sur la foi des propos de Bauvan. Sur le seuil, aucun des deux personnages ne veut fléchir et l'élément décisif pour l'avenir de leur relation est alors la malédiction lancée par Marie qui met en branle le destin. Au centre exact du roman, c'est une apogée qui détermine la structure tragique de tout le deuxième versant du texte.

V-3 (p. 234-255)
Sauver Marie!

RÉSUMÉ

Fidèle à la promesse qu'il a faite à Francine, au terme d'un marchandage serré, Marche-à-terre rachète Marie à Pille-miche et procure aux deux femmes la voiture qui leur permet de s'échapper de la Vivetière. Vendéens et Chouans se séparent sans que Montauran ait pu les convaincre de reprendre ensemble les combats. Marie parvient à Fougères où elle retrouve Corentin, l'espion attaché à ses pas par Fouché, et Hulot, qui a dû reprendre sa démission. Tous trois n'ont plus qu'un but: abattre Montauran.

COMMENTAIRE

Un épilogue romanesque

À propos de l'épisode romanesque qui clôt l'ensemble de la Vivetière, on remarquera seulement que Merle, qui meurt d'un malentendu tragique, est peut-être la première victime de la fatalité entrée en scène avec la malédiction de Marie. Par ailleurs, on pourra s'interroger sur le degré de crédibilité du marché qui sauve cette dernière. Le pittoresque l'emporte ici sans conteste sur le réalisme.

Un épilogue politique

Le véritable épilogue de l'aventure de la Vivetière se déroule à Fougères. Plusieurs thèmes intéressants se dessinent dans ces dernières pages de la deuxième partie du roman et l'orientent dans une direction nouvelle. À ce tournant capital du texte, Marie doit choisir ce qui l'emportera dans le conflit entre l'humiliation et l'amour. Mais quel que soit son choix, ses motivations, désormais, seront personnelles et non plus politiques ou historiques. Le sujet n'est plus : Hulot empêchera-t-il la jonction des Chouans et des vendéens ? Mais : Marie et le Gars pourront-ils s'aimer ?

Par ailleurs, on voit ici la première véritable apparition active du personnage de Corentin. Si l'on observe le texte, on s'aperçoit qu'il est présent sans être entré. Corentin voit tout, il est partout. C'est lui qui procure à Marie son logis fougerais. Remarquons au passage que Mlle de Verneuil est un personnage sans espace propre. Ni vraiment parisienne, ni vraiment bretonne, elle va, dans le roman, d'auberge en hôtel, ne trouvant un relatif point fixe que dans cette demeure que l'espion de Fouché lui fournit : dans une impasse, au bord du gouffre...

Le rapport Corentin-Marie se montre tout de suite ambigu : qui possède véritablement un pouvoir sur l'autre et de quelle nature est-il ? Le rapport Corentin-Hulot est immédiatement conflictuel. Il est aussi le rapport de celui qui sait à celui qui exécute. Hulot reprend en main la mission sur un ordre de Paris dont les termes sont significatifs : « se borner dans cette affaire à seconder l'honorable citoyenne ».

Enfin, on constatera qu'à l'opposition Coblence, l'Angleterre contre la France ou Paris contre la Bretagne, se substitue ici, dans une intervention de Hulot, l'opposition villes contre campagnes qui en dit sans doute plus long sur la vérité du conflit en cours : les bourgeois de Fougères sont Bleus et le marquis de Montauran tient les campagnes. Nous sommes ici renvoyés aux réflexions de Balzac sur le sous-développement breton dans les premières pages du roman. C'est le combat des lumières contre l'ignorance et l'isolement de la modernité contre la tradition. C'est du bourg désormais, et pour toute la fin du roman, que Marie, Hulot et surtout Corentin feront leur quartier général. Ce bourg que Montauran et ses Chouans échoueront à prendre.

VI- FOUGÈRES : LA VILLE ET LA CAMPAGNE (p. 257-417)

COMMENTAIRE

La troisième partie du roman, «Un jour sans lendemain», se déroule essentiellement à Fougères qui est ainsi le point de départ et le point d'arrivée du texte, mais se trouve structurée par l'alternance des scènes qui se déroulent dans la ville et des scènes qui se passent dans la campagne plus ou moins proche.

Le personnage de Marie est le «fil rouge» de l'intrigue dans ces pages, puisque le lecteur ne suit plus qu'elle et ne voit, le plus souvent, que par ses yeux. Rares sont les épisodes où elle n'est pas présente, en effet : l'exécution de Galope-chopine et quelques conseils de guerre entre Hulot et Corentin, tout au plus.

Les errances de Marie dans la campagne fougeraise, le plus souvent à la poursuite ou à la rencontre de Montauran l'emmèneront cependant de moins en moins loin, et tout se passe comme si l'action se resserrait cette fois définitivement pour nous amener au huis clos tragique du dénouement. Dans le même temps, Montauran fait d'ailleurs une série d'expéditions vers Fougères : ayant en vain tenté d'enlever la ville, il revient à ses portes lorsqu'il raccompagne Marie après le bal de Saint James avant d'entrer définitivement dans la cité pour y mourir. En quelque sorte, les excursions de Marie la mènent de moins en moins loin, parce que les incursions de Montauran l'amènent de plus en plus près, et les rencontres vont aussi de la plus fugitive, voire indirecte (lorsque Marie voit Montauran sans en être vue chez d'Orgemont), à la plus définitive (dans les noces et la mort) en passant par Saint James et la chaumière de Galope-chopine, contacts de plus en phus décisifs et lourds de sens.

VI-A-1 (p. 257-272)
Fougères / Marie poursuit sa vengeance

RÉSUMÉ

Une minutieuse description de Fougères et de son site ouvre la troisième partie du roman. Marie, qui admirait le panorama au coucher du soleil, aperçoit tout à coup la silhouette de Montauran sur le plateau de St-Sulpice. Elle s'arme d'un poignard et s'élance sans plus réfléchir à la poursuite du marquis. Surprise par la nuit dans la campagne, elle passe au milieu des Chouans effrayés qui la prennent pour un spectre, et se réfugie au sous-sol d'une étrange maison, habitée de lueurs et de bruits inquiétants.

COMMENTAIRE

La description de Fougères

On peut constater ici une double technique d'insertion de la longue description de Fougères et de ses environs. D'abord, le narrateur omniscient* la prend en charge, tout en restant discret, quoiqu'il intervienne au début pour la justifier par le rôle de la ville dans le dénouement à venir, soulignant ainsi le caractère ultérieur de son récit.

Ensuite, il délègue le regard à Mlle de Verneuil ce qui permet une deuxième description dans un contexte romanesque précis (au coucher du soleil) et ce qui permet également de clore assez naturellement la description lorsque Marie, apercevant des personnages dans le paysage, abandonne sa contemplation pour l'action.

Pour écrire ces pages justement célèbres, Balzac s'inspire évidemment de ses souvenirs personnels, des «choses vues» lors de son séjour chez le baron de Pommereul. Dans le premier temps de la description, une scrupuleuse organisation de l'espace est commandée par un regard de géographe et d'architecte. Le narrateur ancre son roman dans le réel par la précision des détails et le souci didactique dont il fait preuve. Les contrastes entre les paysages abrupts et des motifs plus riants donnent du pittoresque au tableau. Mais peut-être faudrait-il davantage parler de dessin d'architecte que de peinture à proprement parler. Les formes retiennent ici Balzac plus que les couleurs.

Une forte présence des angles, des verticales déchirantes, des chaos obscurs, des fortifications agressives, vient s'opposer à l'évocation des pentes douces, des vallées fécondes; on y retrouve les caractères qui marquent tout le paysage breton dans le roman: beauté, mystère, danger. Le thème du voile (brumes) et du dévoilement (sous les rayons du soleil) et la présence de Marie viennent, comme au début du roman, affirmer la parenté de ce paysage et de la femme.

Enfin, remarquons que la forme en fer à cheval, en amphithéâtre, et les «gradins» de la cité en font la «scène» idéale où se dénouera le drame.

Le thème de la vengeance

Ce qui relance l'action, après cette longue pause descriptive, c'est une double présence du thème central de la troisième partie : la vengeance. Mme du Gua tire sur Marie et la rate de peu ; Marie s'élance vers Montauran, mue par l'irrésistible désir de se venger de l'humiliation subie à la Vivetière.

Cette vengeance est le seul motif stable qui parcourt la troisième partie ; valeur en elle-même, elle anime et dégrade tous les conflits idéologiques. Ele engage la succession des actions dans un cycle infernal où, perpétuellement, l'offensé devient l'offenseur. Le texte la désigne comme « l'unique passion » de Marie à ce moment de l'action, et, pourtant, elle rencontrera la force antagoniste de la passion amoureuse, et l'oscillation qui naîtra de ce choc, les ambivalences, les revirements qu'il entraînera créeront la dynamisme de cette dernière partie du roman.

Une descente aux enfers

À partir du moment où elle emprunte, au soleil couchant, les escaliers de la reine, Marie entame une sorte de descente aux enfers. D'une part, en effet, le crépuscule colore de rouge les chaos de Saint-Sulpice et la lande. Cette couleur rouge se retrouvera dans la maison de d'Orgemont lorsque le feu illuminera le « visage (du marquis) de teintes rougeâtres et vacillantes », avant de devenir le feu infernal des « chauffeurs » dans la cave. L'obscurité et la lune succédant au coucher du soleil, on voit donc s'imposer les dominantes noires et rouges qui réapparaîtront tout au long de cette dernière section du roman. D'autre part, on retrouve ici l'atmosphère du roman noir. Les Chouans, dont « les hideuses figures » présentent des « yeux jaunes brillants dans la nuit », dans leur superstition, font de Marie un spectre, tandis qu'elle est « vision », « diablesse » pour le marquis.

VI-A-2 (p. 272-296)
Les Chouans torturent d'Orgemont

RÉSUMÉ

Mlle de Verneuil, tapie dans un recoin de caveau voûté, assiste à la torture que les Chouans infligent au propriétaire de la maison qu'ils ont réquisitionnée, d'Orgemont, qui n'a pas payé sa rançon et refuse d'indiquer où il cache son magot. La voix de Marie, qui intervient, indignée par les exactions des chauffeurs*, fait fuir les tortionnaires encore plus superstitieux qu'avides. D'Orgemont délivré l'entraîne dans une cachette à l'intérieur de la cheminée. Par une ouverture secrète, elle peut voir Montauran préparer l'attaque de Fougères pour le lendemain, et un bal à Saint-James, quartier général blanc, qui verra une réunion décisive de tous les chefs Chouans. D'Orgemont propose en vain sa main et sa fortune à Marie qui quitte cette dangereuse demeure pour attendre l'aurore parmi les rochers de Saint-Sulpice.

COMMENTAIRE

Un épisode de roman noir

Depuis les premières pages de l'œuvre cet épisode était annoncé, puisque lors de l'attaque de la turgotine, les Chouans avaient rançonné d'Orgemont à quinze jours. On peut remarquer, par ailleurs, que dans ce passage, le dialogue entre Marche-à-terre et Galope-chopine prépare la scène de l'exécution de l'agent double qu'est ce demier.

Le décor et les éléments d'un roman noir sont là: la cuisine souterraine la torture, le fantôme, la cachette dans la cheminée, l'escalier dans la paroi et jusqu'au frère emmuré. Les interventions spectrales de Marie, les renseignements surpris à travers la cloison évidée participent aussi d'un romanesque sans grand souci de réalisme. Par ailleurs, l'expression de la superstition des Chouans, l'ironie de d'Orgemont, ses calculs et sa douloureuse avarice, donnent au texte une coloration presque parodique.

D'Orgemont

La figure de d'Orgemont a été rajoutée tardivement par Balzac au roman, comme si elle s'était finalement imposée à l'écrivain. On peut d'abord voir en lui un personnage «éternel», le double d'Harpagon. Mais il est chargé de significations plus intéressantes. D'Orgemont est l'Avare, celui qui arrête la circulation de l'or. Mais, le cadavre du frère «qui n'est pas en terre consacrée» et l'argent qui n'est pas «planté en terre féconde», tracent un double thème de stérilité et de connivence entre l'argent et la mort. On retrouvera cette proximité plus loin dans l'histoire du fils de Galope-chopine.

D'autre part, d'Orgemont n'est pas tant un recéleur qu'un investisseur. En cela il échappe à l'atemporalité pour représenter dans le roman une force essentielle: c'est un patriote et un laïc. C'est un acheteur de biens nationaux. Il est l'homme de l'avenir, celui qui a compris comment se construisait la France nouvelle. Ses discours sont comme un écho de ceux de

Montauran lui-même, paradoxalement, à propos de Mme du Gua ou concernant les chefs Chouans de la Vivetière : on y retrouve évoqués les rapports de l'ancienne aristocratie et de l'Église avec l'argent, le thème du carriérisme et celui du ralliement. Lorsque d'Orgemont propose le mariage à Marie cela peut passer pour un effet de burlesque dans le texte. Mais le refus de la jeune femme montre peut-être mieux encore que sa brouille perpétuelle avec Corentin, combien elle est éloignée des valeurs du monde qui naît de la Révolution. En refusant l'argent, elle rompt avec cet univers nouveau sur l'essentiel.

VI-A-3 (p. 296-304)
Échec blanc devant Fougères.
La chaumière de Galope-chopine

RÉSUMÉ

Dans l'impossibilité où elle est de rejoindre Fougères assiégée par les Chouans, Mlle de Verneuil assiste, et le lecteur avec elle, à la bataille depuis les hauteurs qui font face à la ville. L'artillerie de Hulot remporte la partie et les républicains font une sortie qui met Marie en difficulté, prise entre Blancs et Bleus. D'Orgemont lui ayant signalé en Galope-chopine (Chouan et à l'occasion indicateur pour les républicains) un recours possible en cas de danger, Marie se dirige vers la cabane de ce dernier. L'extérieur comme l'intérieur dénotent une pauvreté et une ignorance qui ravalent l'homme au niveau de l'animal. Marie trouve cependant là une cachette provisoire dans laquelle le comte de Bauvan ne tarde pas à faire irruption, poursuivi par les soldats Bleus. Marie, s'emparant de l'arme du comte, le fait prisonnier et rentre à Fougères, dont les accès ont été libérés par la retraite des Chouans.

COMMENTAIRE

L'échec des Chouans devant Fougères

La fuite de Mlle de Verneuil dans la lande permet au lecteur d'assister au lever du soleil sur Fougères. Les lumières infernales de la nuit laissent place à un double dévoilement justifiant la description: les nuages et le brouillard de poudre sont successivement écartés. Mais la présence de Marie est ici plus un prétexte que le foyer de la perspective, et le narrateur prend en charge l'essentiel de l'évocation.

Les Chouans sortent des campagnes pour attaquer la ville. Ils seront repoussés par l'artillerie de Hulot. Ce n'est sans doute pas un hasard si cette arme moderne, celle de Bonaparte à Toulon, est ici mise en valeur. Balzac s'inspire pour ce récit des mémoires de Madame de Bonchamps, veuve d'un célèbre chef vendéen, mais il souligne essentiellement, une fois de plus, le caractère arriéré du combat des Blancs, à l'aise dans la guérilla derrière leurs haies, mais peu à même d'affronter les canons d'une armée moderne.

La cabane de Galope-chopine

Encore une fois la description est justifiée par le regard de Marie mais elle est entrecoupée d'interventions du narrateur qui se repèrent très bien à l'emploi du présent, marque du discours, qui interrompt régulièrement le récit au passé. On retrouve dans ces pages un souci de pittoresque à la manière romantique, ce qu'on pourrait considérer comme une «scène à faire». Par la poésie du lieu, la disposition relative des bâtiments et des éléments naturels, haies, rochers, fleurs, un véritable tableau est ici constitué et présente à première vue tous les charmes de la «campagne», pour la parisienne qu'est Mlle de Verneuil.

Cependant, on voit rapidement apparaître un maître-thème de l'œuvre dans cette idylle, et, de la primitivité on passe vite à la sauvagerie. Sauvagerie qui s'exprime par la confusion totale des édifices avec la nature, de l'homme avec les animaux. Les termes péjoratifs dans le texte évitent au lecteur de confondre sous-développement et «mythe du bon sauvage».

Cette sauvagerie-là est obscurantisme: les obstacles à la communication sont multiples aux abords de la ferme et dans le bâtiment même, les renvois historiques à des passés lointains se multiplient à propos de l'architecture. Les lumières de la raison ne sont pas parvenues jusqu'ici: le système d'agriculture même est décrit comme défiant le bon sens.

L'intérieur est aussi obscurantisme (superstition naïve) et surtout obscurité. Enfin, on remarque l'abondance, dans le texte, des approximations, des formules indirectes, des périphrases, qui tentent de donner une idée des lieux et des objets sans pouvoir parvenir à les caractériser clairement. Comme si l'indicible, l'informel et l'inapproprié étaient ici les catégories de la primitivité.

L'arrestation de Bauvan

Si le face-à-face entre les deux figures si terriblement différentes de la féminité représentées ici par Barbette et Marie pouvait avoir un caractère dramatique, l'irruption de Bauvan amène un changement de ton. Le rideau, les cachettes derrière le lit et sous le lit, le fusil confisqué, l'incident des cheveux détachés de Marie et le marivaudage du comte, l'entrée de Beau-pied, le retour spectaculaire de Mlle de Verneuil devant le «public» fougerais, tout est là pour faire de la scène une franche comédie.

On remarquera en fin de compte, l'extrême diversité des techniques dans ce «bloc» d'épisodes: roman d'aventures, farce, roman noir, tableau pittoresque et comédie, nuit hantée et infernale, idylle paysanne et badinage élégant, le tout mené au rythme des errances du personnage de Marie: le souci affirmé du narrateur de justifier par là cette étonnante succession ne convainc pas toujours. Il faut cependant noter que le réalisme profond (personnage de d'Orgemont, cabane de Galope-chopine) reste toujours présent sous des effets romanesques ou dramatiques apparemment échevelés.

VI-B (p. 305-319)
Un passeport pour Saint-James

RÉSUMÉ

Marie fait amener Bauvan chez elle, et, déployant toute sa coquetterie, le séduit pour obtenir de lui sa protection au bal de Saint-James et la promesse qu'il y rétractera publiquement les fatals propos qu'il a tenus à la Vivetière.

COMMENTAIRE

La «Judith des rues»

La séduction de Bauvan par Marie est une mise en scène de la jeune femme par elle même: l'ombre et la lumière, les accessoires, l'usage pervers de l'innocence et des plaisirs de la conversation, tout est calculé, et pour la première fois – et peut-être la seule, les motivations à Saint-James étant différentes –, nous voyons Marie dans son rôle de séductrice presque «professionnelle».

Cependant, le mystère de la jeune femme est toujours préservé puisque le narrateur et Marie en disent moins au lecteur qu'à Bauvan; «ange ou démon», «fille ou femme», nous ne saurons pas encore dans cette scène où est le voile et où est la vérité. On peut remarquer que Balzac tient à justifier son personnage par sa passion.

Un jeu de dupes

Hulot et Bauvan semblent être ici les jouets de Marie. Avec une certaine insistance, le texte manifeste le passage définitif des motivations politiques aux motivations privées et la mise à l'écart par Marie, de Hulot et de Corentin, le souligne encore. Pourtant, si elle semble déployer ici un pouvoir souverain, Mlle de Verneuil est en fait surveillée par Corentin et, de l'univers politique qu'elle croit avoir abandonné ou utilisé à ses propres fins, l'espion de Fouché mais aussi le commandant, la contrôlent plus qu'elle ne le croit.

VI-C-1 (p. 319-336)
Voyage dans la sauvagerie bretonne

RÉSUMÉ

En pleine nuit, Mlle de Verneuil accompagnée de Francine, se rend chez Galope-chopine qu'elle persuade de les mener à Saint-James. Un long voyage s'annonce alors jusqu'au soir suivant, à travers un paysage sauvage ou primitivement cultivé. Une digression du narrateur décrit le bocage, ses conséquences économiques et culturelles, et montre qu'en saisir la spécificité, c'est comprendre «le secret de la guerre des Chouans». Au lever du soleil, les voyageurs assistent à une fantastique «messe au fond des bois», suivie des exhortations fanatiques de l'abbé Gudin qui bénit les fusils des Chouans éperdus de superstition. Enfin parvenue à Saint-James, Marie s'installe dans une pauvre auberge pour fourbir les armes de sa toilette.

COMMENTAIRE

Le bocage

Du paysage de la Pèlerine à celui des environs de Fougères et de ce dernier au plus profond du bocage sur le chemin de Saint-James, le lecteur est convié à un voyage dans la «sauvagerie bretonne». C'est le parcours d'un didactisme avant tout: nous sommes ici parvenus à la dernière digression de Balzac sur ce sujet.

On comparera avec profit cette description romanesque avec sa version théorique dans la préface de 1829. Mais il serait bon de songer aussi aux *Paysans*, roman de la paysannerie parcellaire rédigé par Balzac en 1844, où l'on voit que la division des terres et l'isolement qu'elle produit séparent les hommes et les empêchent d'agir ensemble. On retrouverait enfin cette réflexion chez Marx dans le 18 Brumaire de Louis Napoléon Bonaparte.

Ici cependant, les techniques de l'écriture romanesque sont intéressantes à observer. La description est d'abord romantique, «expressive», introduite par le topos* du peintre (p. 320); elle montre un paysage, reflet de l'état d'âme du personnage. Loin d'être une véritable pause dans le récit, elle le poursuit, dans la mesure où elle révèle plus encore le personnage de Marie que la vallée du Couësnon au clair de lune.

Robinson Crusoé, Rembrandt, la fuite en Égypte: le référent est ici plus culturel que réaliste. Cependant, très rapidement, en l'espace d'une phrase, on passe de la vision du «dédale de chemins de traverse» à la compréhension des phénomènes historiques: «Mlle de Verneuil comprit alors la guerre des Chouans». Puis, le narrateur confisque tout aussi rapidement la parole à son personnage, et les formules générales, l'emploi du «on» et le passage à un faux dialogue avec le lecteur («si vous venez à songer...») amènent à la révélation-clef du passage, c'est-à-dire son sens politique.

Guérilla et haute politique

Deux champs lexicaux doivent être observés dans les pages 321-325, celui de la primitivité et celui de la guérilla. On sera alors à même de percevoir exactement le lien qu'établit Balzac entre l'ignorance des paysans bretons et leur agressivité contre toute intrusion extérieure, fût-elle porteuse de modernisme et de mieux-être.

On verra dans le vocabulaire guerrier s'opposer ce qui désigne la guerre de masse et de mouvement à ce qui évoque l'irréductible immobilisme de l'individualisme.

C'est à Marie que Balzac prétend laisser le soin des conclusions, en lui faisant voir la nécessité, dans ce combat d'un genre nouveau, d'une stratégie nouvelle: centralisme politique, ralliement (des chefs Blancs mais aussi, chez les Bleus, des militaires aux policiers), mais surtout génie de la grande pensée policière; on assiste ici à une surévaluation de la figure de Fouché, figure diabolique laïcisée.

Dans cette page, Balzac met en action la réflexion attribuée par Hegel à Napoléon discutant avec Gœthe de la tragédie: «La politique avait pris la place de l'antique destin. On devait donc s'en servir dans la tragédie en tant que moderne destinée, puissance irrésistible des circonstances à laquelle l'individualité avait à se plier» (*Leçons sur la philosophie de l'Histoire*). Dans «L'idée de Fouché» l'intervention de Mlle de Verneuil mène l'intrigue, mais elle est aussi le signe de l'Histoire nouvelle, du processus historique nouveau, et Marie n'est ici pas loin de se percevoir consciemment comme telle, de deviner sur elle la marque de ce destin moderne.

La messe au fond des bois

Comme la description de la cabane de Galope-chopine, ou, plus loin, l'exécution de ce dernier, c'est ici une «scène à faire». L'émotion de Balzac devant la beauté d'une religion primitive retrouvée et son union avec la nature peut être véridique. Mais la «poésie des anciens temps», la cathédrale-nature sont les motifs d'une émotion sans doute plus littéraire que naïve. Avec *Les Puritains d'Écosse* de Walter Scott, *Les Martyrs*, *Le Génie du christianisme* de Chateaubriand, on peut trouver dans la littérature de ce début du XIXe siècle bien des échos à ces pages qui se prolongent encore chez Hugo et même chez Huysmans.

Pureté de la foi mais aussi mise en scène païenne, cirque à la romaine, pierres druidiques, on peut encore lire dans ces évocations l'enracinement du christianisme breton dans toutes les manifestations de la foi pourchassée, menacée. Mais l'étude du champ lexical du théâtre, en n'oubliant pas les jeux de lumière par exemple, pourrait amener à s'interroger sur l'aspect spectaculaire et finalement païen de cette cérémonie et sur l'émotion peut-être plus esthétique que réellement chrétienne qui s'en dégage.

De toutes façons, fanatisme et superstition vont rapidement s'imposer et transformer ce bref instant de grâce en une sorte de «messe maudite». «Prostitu[ant] le sacerdoce aux intérêts politiques» (p. 332), l'abbé Gudin fait de cette messe le lieu d'une manipulation. La poésie des temps anciens fait place à un discours hagiographique*, emphatique, avec «miracle obligé».

Isolement, sous-développement économique, ignorance, fermeture à toute nouveauté, le fanatisme vient ici achever le portrait d'un peuple manœuvré et utilisé par ceux qui profitent de sa force et de sa fidélité. Dans une certaine mesure, l'arrivée à Saint-James, qui met en scène le désordre, la présence de l'étranger (l'uniforme rouge des anglais) et la pauvreté de l'armement des Chouans, confirment tout ce qui précède.

VI-C-2 (p. 336-351)
Préparatifs et préliminaires

RÉSUMÉ

Pendant que Marie se vêt d'une tunique de mousseline rouge «à la grecque», Montauran tente de calmer les ambitions, les mesquineries, de ranimer les ardeurs des chefs Chouans plus prêts à un ralliement négocié au mieux de leurs intérêts, qu'à reprendre le combat pour la cause royale.

COMMENTAIRE

Préparatifs : Marie

On voit dans ce passage Marie s'armer pour un affrontement décisif. Nous retrouvons ici le thème de l'amour-guerre et celui du voile, du masque.

La toilette de Mlle de Verneuil est toute de vert, rouge et blanc. Le vert et le blanc se veulent ici des artifices savamment naturels et innocents. Repris par les rubis du poignard, le rouge de la tunique de dessus, qui est décidément la couleur de cette fin de roman, répondra au «cordon rouge» de Montauran, aux braises ardentes qu'il éteindra dans sa main comme la preuve de son amour sincère.

Mais, surtout, le costume de «merveilleuse»* de Marie est celui de la France nouvelle, réponse délibérée au costume encore versaillais des femmes présentes à Saint-James, apparent affichage des convictions cachées-révélées à la Vivetière, et qui n'est plus guère ici qu'une provocation vide de sens politique et destinée bien plutôt au combat privé et érotique.

Préliminaires : Montauran

Cependant, avant d'affronter Marie, Montauran devra aller au bout de la désillusion politique. Ainsi sera-t-il prêt à investir dans sa propre histoire la foi et l'espoir qu'il saura désormais vains dans le champ de l'Histoire.

C'est en effet à une sorte de curée que nous assistons ici : ambitions et cynisme s'étalent au grand jour. Montauran ne pourra leur imposer provisoirement de bornes que par un geste purement romanesque : en jetant au feu les lettres par lesquelles le Roi lui donne tout pouvoir dans l'Ouest. La confusion des domaines du politique et du roman désigne ici, une fois de plus, le pourrissement de l'Histoire.

Dans ce geste dramatique on peut voir, en s'inspirant des réflexions de Claudie Bernard, un geste ambivalent de fidélité et de révolte. «Fils privilégié» envoyé par le Roi-père, confronté aux fils rivaux, tous plus avides les uns que les autres, le marquis, brûlant ses lettres de créance, annule entre le «père» et ses fils-serviteurs toute médiation, portât-elle la signature sacrée. Mais il profane en même temps cette dernière, commet une sorte de meurtre en effigie, et peut prétendre alors à la place ainsi rendue vacante; ultime dévouement ou sacrilège finalement puni de mort?

VI-C-3 (p. 351-369)
Second combat d'amour et d'orgueil

RÉSUMÉ

Marie fait une entrée théâtrale sur les lieux du bal, protégée par Bauvan qui s'empresse de présenter ses excuses et d'attester la noblesse de Mlle de Verneuil. Celle-ci met en œuvre toute une stratégie d'approche et de dérobades qui torture Montauran. Dans un geste dramatique, le marquis saisit un charbon ardent, prétendant obtenir le droit de parler à Marie tant qu'il pourra garder ce feu dans sa main. La jeune femme semble se laisser attendrir mais reste maîtresse du jeu. Elle se fait raccompagner par le marquis jusqu'aux portes de Fougères. Là, elle lui fait le récit de sa vie et confesse sa mission policière et son amour. Cependant, elle affirme son intention de se sacrifier: elle n'épousera pas Montauran mais ne le livrera pas non plus.

COMMENTAIRE

Les deux scènes de la Vivetière et de Saint-James sont bâties pour se correspondre presque terme à terme. Il est intéressant de considérer ce parallèle et les inversions de signes qu'il manifeste. L'assemblée des Blancs est la même qu'à la Vivetière, augmentée de quelques éléments féminins. Le face-à-face entre Mme du Gua et Marie est ici comme amorti par la multiplication des figures féminines, et tout se passe comme si Mme du Gua perdait de sa force d'être ainsi confondue dans un monde féminin frivole et retardataire qui ne sert finalement que de repoussoir à la beauté de Marie.

Là où elle était accompagnée de soixante soldats républicains, Marie est seule. Missionnée par la République à la Vivetière, se considère-t-elle comme telle à Saint-James ? On peut en douter. Tout s'articule évidemment autour de la parole de Bauvan et son amende honorable est l'élément-clef qui annule la calomnie de la Vivetière; celle-ci courant de bouche à oreille, la réparation se doit d'être publique.

Au costume vert arraché par Mme du Gua, à la nudité imposée, répond le costume vert et rouge volontairement révélateur. Enfin, lorsque des allusions sont faites à Saint-James aux «ambassadeurs du Premier consul», elles sont les mêmes qu'à la Vivetière mais ce qui était accusation politique est devenu compliment de danseur. Si l'on se souvient de la scène immédiatement précédente entre Montauran et des aristocrates tout prêts au ralliement, on comprend mieux cette évolution.

Victime à la Vivetière, Marie est ici conquérante. Naguère exposée comme ennemie politique, elle prend ici une revanche ambiguë, mi-publique, mi-privée, soucieuse qu'elle est avant tout de regagner Montauran, sans savoir encore clairement dans quel but, politique ou personnel.

Deuxième combat d'orgueil et d'amour

On retrouve aussi une structure en miroir dans le duel privé entre Marie et Montauran. L'espèce de danse des sept voiles exécutée par Marie, la fuite savante qu'elle organise durant le bal qui l'éloigne et la rapproche à fois du marquis, peut rappeler la torture infligée au jeune homme dans la voiture qui roulait vers la Vivetière, lorsque, pouvant le livrer, Marie se moquait de lui. C'est d'ailleurs par la torture volontaire et le geste romanesque du charbon ardent que Montauran fera cesser ce jeu renouvelé. Le désir de reconnaissance réciproque qui marquait sur la route de la Vivetière les relations des deux jeunes gens, se reconnaît ici tout entier, ainsi que le jeu des masques, mais si, sur la route, le voile à lever était surtout celui du marquis, la situation est ici inversée et c'est lui qui pose les questions. La marche derrière la voiture aux portes de Fougères rejouera enfin explicitement celle de la première rencontre. L'aube répond au crépuscule; comme la première fois, les autres personnages sont évacués à la périphérie et le récit de la vie de Marie renvoie à son discours sur la nature et le statut des femmes, et l'illustre.

Le récit de Marie

Ce récit est d'abord pour Balzac un problème technique. Pour éviter le récit «en tiroir», il en fait l'objet d'une conversation : même si le monologue est un peu long, la vraissemblance romanesque n'en est pas trop touchée.

Ce qu'on savait du personnage de Mlle de Verneuil jusqu'ici, avait été donné par petites touches, sans que l'énigme de son identité soit vraiment résolue. À la Vivetière, à Fougères, à Saint-James, les allusions de Bauvan et les révélations de Marie étaient pour nous restées à demi mystérieuses. En savons-nous davantage après le récit de la jeune femme? Devons-nous la croire absolument? Le narrateur ne fait rien directement pour relativiser, encore moins infirmer les dires de son personnage. Mais le dialogue de Marie avec Francine accentue le caractère stratégique de cette pseudo-confession, lui ôtant encore un peu d'innocence ou de spontanéité. Ce témoignage unique à la première personne sur le passé de Marie laissera en tout état de cause un léger doute dans l'esprit du lecteur. Notons que l'allusion à Danton s'est transformée dans l'édition de 1835, le concubinage devenant, sans doute à l'intention de Mme Hanska, un mariage. L'image du «chêne immense» évoquée ici à propos du révolutionnaire peut sembler un cliché au lecteur moderne. Il convient de se rendre compte que cette valorisation d'un personnage qui n'avait pas vraiment encore droit de cité dans la littérature à cette date, est une relative audace.

VI-D (p. 369-388)
Attentes, espoirs, ruses et doutes

RÉSUMÉ

Marie, rentrée à Fougères laisse entendre à Hulot et Corentin qu'il n'est pas certain qu'elle veuille désormais aider à la capture du Gars. Corentin, en particulier, éclairé par son désir pour Marie tout autant que par sa perspicacité naturelle, comprend fort bien qu'elle est amoureuse et qu'elle attend seulement la preuve de l'amour du marquis pour trahir la République. Le lendemain, Galope-chopine apporte un message de Montauran: il sera à la cabane du Chouan «approchant deux heures». Marie parvient à tromper la vigilance de Corentin et se hâte vers le rendez-vous.

COMMENTAIRE

On peut considérer qu'avec Saint-James une étape a été franchie du côté des Blancs: Montauran est allé au bout de la désillusion; chez les

Bleus, on va voir désormais se mutiplier la figure de Corentin. L'heure des idéaux est passée. Le champ est libre pour les passions et leur manipulation policière. C'est donc au personnage de Corentin qu'il convient de s'intéresser ici.

Les motivations de Corentin

Le narrateur résume son personnage en trois termes: «l'amour, l'avarice, l'ambition» (p. 440). Le désir de Corentin pour Marie est en effet clairement exprimé. Depuis cinq ans, il la guette comme une proie potentielle. Il en parle en termes de possession, et renouvelle ses propositions à la jeune femme dans la scène où il tente de lui faire avouer son rendez-vous avec le Gars.

Dans cette scène, il parle d'argent et d'ambition. C'est avant tout un superbe instrument de réussite sociale que Corentin voit en Marie. Il s'agit alors de monter «aussi haut que Fouché». Mais il convient d'ajouter une motivation à celles-ci, explicitement formulée par le personnage lui-même, lorsque Corentin tente de faire comprendre à Hulot, l'homme du droit chemin, le plaisir des voies obliques. Parlant de «ressorts», de «rouages», le policier se décrit complaisamment dans son rôle de manipulateur des passions, des êtres, comme Dieu même au centre de l'univers. Comment ne pas entendre dans ce discours enthousiaste la voix du démiurge* et finalement celle de l'écrivain dont Corentin pourrait être ici le double?

Corentin: celui qui voit

On pourrait dire que Corentin est avant tout un regard. Yeux verts, regard vipérin, noté dès sa première apparition, dans son premier portrait.

C'est une stratégie du regard qu'il va développer, de la vision à la surveillance. On pourrait suivre dans cette dernière section du texte, notamment, les occurrences de ces thèmes. De nuit comme de jour il guette; il est le seul à voir entrer Galope-chopine chez Marie et à déchiffrer suffisamment bien ce qu'il voit pour soupçonner le paysan, le seul à embrasser du regard, du haut des remparts, le dispositif militaire de Hulot et de ses contre-Chouans en action, le seul à pouvoir percer le brouillard dans les scènes finales; il voit, il déchiffre, il interprète: «ne suis-je pas prophète?», et par conséquent infléchit l'action même.

Corentin: le dramaturge

Figure vipérine (on l'a vu à propos de son regard), Corentin trace des cercles, construit des réseaux de liens, enferme. Cercle depuis cinq ans autour de Marie qu'il finit par bloquer en quelque sorte au fond d'une impasse dans une progressive réclusion. Cercle autour du Gars dans la cabane de Galope-chopine, en vain, puis, définitivement, dans la maison de Fougères.

Capable de comprendre le caractère mobile de la passion de Marie jamais sûre d'elle même, toujours remise en question, il est aussi capable de saisir le moment où celle-ci cesse d'hésiter et fixe son désir de façon exclusive sur le marquis. Il sait alors changer de stratégie, s'emparer du fantasme de la jeune femme et l'installer grâce à la fausse lettre dans un scénario qui la conduit à sa mort. Il est donc aussi une sorte de dramaturge, met en scène l'action finale jusque dans ses moindres détails, dirigeant les gestes de Hulot comme il a conduit ceux de Marie.

Corentin, l'homme de l'avenir

Corentin est donc celui qui sait jouer la mobilité dans l'action comme en politique. Il expose lui-même clairement ses principes à Marie, se proposant de traiter avec les Bourbons en devançant Bonaparte même; il prend pour modèle le double jeu de Fouché, et le lecteur de 1829 sait combien cette vision a d'avenir, lui qui a vécu la Restauration de 1815.

Hulot et Montauran sont le passé de la République et des conflits sur lesquels elle s'est bâtie. Corentin avec d'Orgemont, mais aussi Marche-à-terre, comme on le voit dans l'épilogue, en est l'avenir. Maître de l'ambiguïté, il a, notons-le, le dernier mot du roman.

VI-E-1 (p. 388-405)
Le rendez-vous chez Galope-chopine

RÉSUMÉ

Corentin, dès qu'il comprend la ruse de Marie, prévient Hulot. Celui-ci habille ses soldats et des patriotes fougerais en contre-Chouans, sous le commandement du jeune Gudin. Ils investissent les hauteurs de Saint-Sulpice. Barbette, la femme de Galope-chopine, trompée par le costume de Hulot, lui indique où se trouve le marquis. Marie et Montauran, pendant ce temps, se livrent un dernier duel amoureux. Pour vaincre les ultimes réticences de Marie qui craint toujours d'être trompée et humiliée, le marquis promet d'être chez elle, à Fougères, le surlendemain pour l'épouser. Les contre-Chouans encerclent la cabane de Galope-chopine, mais au cours d'un bref et violent combat, le Gars parvient encore à s'échapper.

COMMENTAIRE

Une ébauche du dénouement

Le mouvement qui caractérise cet épisode est la convergence de tous les personnages vers la chaumière de Galope-chopine, puis l'éparpillement de tous après l'échec de Hulot à capturer le Gars. Comme si ce procédé dramatique suggérait une sorte d'ébauche encore incomplète du dénouement véritable.

Le marquis habillé en Chouan, les Bleus cernant le refuge des amants, Marie prête à se donner dans des noces sans cérémonie; en fond, la théorie du ralliement, du départ, de l'abandon d'une scène politique devenue invivable, la sortie de Mlle de Verneuil prête à se sacrifier pour «couvrir» Montauran: tous les éléments de ce que sera le dénouement véritable sont là, comme travestis ou légèrement déformés en une sorte de vaste répétition, sur un mode encore «positif» de ce que seront les péripéties finales et tragiques. Comme si la nécessité d'une ultime preuve de la passion réciproque des deux protagonistes (sacrifice de Montauran risquant sa cause, sa vie, son nom dans ses noces à Fougères, orgueil et jalousie terribles de Marie réactualisant sa malédiction) retenait encore le destin pour cette fois.

De la guerre à la chasse à l'homme

Campagnes contre villes: c'est l'aspect des guerres de l'Ouest que Balzac souligne dans la troisième partie du roman. Avec l'apparition des contre-Chouans, on voit d'une part se développer ce thème, et l'écrivain rend accessible au lecteur dans les différences de comportement entre soldats Bleus et contre-Chouans, bien des observations sociologiques et politiques; d'autre part, on voit s'accentuer la dégradation du conflit. De l'affrontement direct et relativement massif de la Pèlerine, on est passé au guet-apens nocturne de la Vivetière: ici on voit se mettre en place une véritable chasse à l'homme dont tous les termes sont truqués et tragiques pour tous. Barbette, prise au piège des contre-Chouans, livre le chef de son parti et condamne par là son époux, mais l'efficacité des hommes de Gudin leur est fatale dans leur rencontre avec les Bleus réguliers qui ne les reconnaissent pas non plus. De tromperie en méprise, il ne s'agit plus d'une guerre mais d'une traque; l'expression «bête fauve» qui désigne Gudin (p. 402) est éloquente et la brève lutte qui oppose plus directement le jeune bleu au marquis est décrite en termes de chasse et de braconnage (p. 402).

On assiste à une espèce de privatisation de la guerre qui répond en quelque sorte à la dégradation des conflits idéologiques en conflits privés.

VI-E-2 (p. 405-417)
L'exécution du traître

RÉSUMÉ

Toute la nuit Barbette s'inquiète du sort de Galope-chopine. Cependant, celui-ci revient au matin et la charge d'allumer le feu, signal convenu entre le recteur de Saint-Georges et le Gars, qui annoncera également à Mlle de Vemeuil l'arrivée imminente de son amant et du prêtre qui célèbrera leur mariage. À peine Barbette est-elle partie que Marche-à-terre et Pille-miche apparaissent. Dans une scène dramatique, ils signifient à Galope-chopine sa condamnation: il doit payer l'indiscrétion de sa femme et ses propres trahisons des derniers mois. Barbette, rentrant avec son fils, trouve la tête de Galope-chopine pendue à sa porte. Jurant d'avoir la vie du Gars en échange de celle de son homme, elle allume le feu-signal et descend vers Fougères, entraînant derrière elle son fils qu'elle a voué désormais aux Bleus et à la vengeance.

COMMENTAIRE

Une mort annoncée

Les prémisses de l'histoire de Galope-chopine peuvent être trouvées dans l'épisode de d'Orgemont où l'on a vu le personnage, guetteur et receleur des Chouans se révéler aussi l'auxiliaire du riche bourgeois, homme trouble pour des temps troublés. Corentin le rencontrant chez Mlle de Verneuil, en messager du Gars cette fois, lui prédit justement: «le métier que tu fais, mon vieux, te rendra quelque jour plus court de la tête» (p. 376). Barbette enfin envoie son fils le chercher, après le passage des contre-Chouans, avec ces mots: «il s'agit de sa tête» (p. 393).

On peut donc dire que la scène de l'exécution du traître est soigneusement préparée et annoncée par Balzac.

L'argent et la mort

La connivence entre l'argent et la mort parcourt tout le texte. De la discussion de Montauran et Mme du Gua, avant l'attaque de la tugotine, à la présence conjointe du magot et du cadavre du prêtre dans le mur de d'Orgemont, au dépouillement des morts par les contre-Chouans, on voit se développer le motif. L'argent volé par Mme du Gua était le sien propre, incident presque burlesque qui revient sous une forme dramatique lorsque le jeune Gudin est mis en possession de la bourse arrachée par ses camarades au cadavre de son oncle.

Retour tragique du motif enfin, dans l'histoire de Galope-chopine. Parti chercher parmi les morts le corps de son père, le jeune fils de Galope-chopine rapporte trois pièces de cent sous qu'il cache dans sa couche; ces pièces nouvellement frappées, donc reconnaissables comme venant des Bleus, renforcent Marche-à-terre et Pille-miche dans leur certitude de la trahison de Galope-chopine; trahison effective mais révélée par un malentendu tragique. Les «deniers» échappés du berceau du fils passent pour l'argent de Judas et condamnent le père au billot. Argent doublement taché de sang.

Un pittoresque sanglant

Troisième «scène à faire» de l'œuvre, l'exécution de Galope-chopine est un épisode de roman noir. Le double rôle de sa femme et de son fils dans la mort du traître a d'ores et déjà créé les conditions de l'horreur. Celle-ci se confirme dans la sauvagerie symbolique d'une nourriture frustre, à peine dégagée de la nature (le beurre qui laisse jaillir de petites bulles de lait sous le couteau), dans la barbarie un instant suspendue par le fanatisme religieux, dans le laconisme des exécuteurs, dans le pathétique des supplications du condamné, dans l'abomination de la contagion, sous une forme primitive, du supplice républicain par excellence : la décapitation, dans l'exposition du trophée sanglant à la porte de la chaumière. Elle s'impose enfin dans l'échange des couplets de la ballade, folklore pittoresque, et cruelle mise en abyme* de la scène par les motifs de la trahison et de la guerre qu'ils développent.

La couleur du sang envahit décidément le texte, et le motif de la vengeance, apparemment abandonné depuis Saint-James, revient brutalement au premier plan.

VII- DÉNOUEMENT
(p. 417-463)

COMMENTAIRE

Le blanc et le rouge vont se mêler pour le dénouement du roman. Blanc des voiles de la brume couvrant Fougères, blanc des noces, rouge sang.

La machination de Corentin referme brutalement le piège. L'espace et le temps sont comme annulés dans le huis clos final: l'appartement de Mlle de Verneuil, fermé sur le mystère de la cérémonie nuptiale, encerclé par les soldats bleus est encore isolé du monde par le brouillard et l'obscurité. Le temps, artificiellement immobilisé par le retour en arrière du récit, est vécu deux fois par le lecteur. Temps presque aboli d'abord, tandis que le regard de Hulot et Corentin essaie de déchiffrer le silence et la nuit; même temps revécu ensuite dans l'agitation et l'angoisse à l'intérieur de la maison de Marie. Jusqu'à l'explosion finale qui réunit comme au théâtre, pour quelques minutes de rapide agonie, tous les personnages du roman, au premier plan de la scène pour les protagonistes, dans l'ombre pour Mme du Gua et les Chouans.

La sortie de Corentin, expulsé par Hulot dans les dernières lignes du texte, rouvre en quelque sorte ce dernier sur l'extérieur et sur l'avenir, double ouverture prolongée par celle de l'épilogue.

VII-1 (p. 417-447)
L'heure de Corentin

RÉSUMÉ

Marie attend avec angoisse le signal de Montauran, tout en disposant amoureusement l'appartement pour la cérémonie du mariage. Barbette avertit Hulot et Corentin de l'imminente visite du Gars chez sa «belle garce» et leur montre le signal. Hulot prend des dispositions militaires mais Corentin, ne se fiant qu'à ses propres méthodes de police, tente de circonvenir Marie, lui proposant son aide. La voyant entièrement habitée par sa passion pour le marquis, il lui fait parvenir une fausse lettre qui lui fait croire que Montauran se joue d'elle et l'a trahie avec Mme du Gua. Folle de douleur et de rage, Marie organise elle-même avec

Hulot le blocus de sa maison: le Gars n'a aucune chance de sortir de ce guet-apens. Pour plus de sûreté, Corentin place le fils de Barbette en guetteur dans l'appartement même de Marie. Dans la nuit et le brouillard, de vagues silhouettes passent. Les Chouans sont dans Fougères; le marquis parvient à entrer chez Marie sans être vu, accompagné du prêtre et des témoins.

COMMENTAIRE

Les manipulations de Corentin

La péripétie tragique (au sens propre du dernier retournement de la situation et de l'état d'esprit du héros, qui mène au dénouement dramatique*) est amenée par l'intervention de Corentin, metteur en scène diabolique. Il utilise presque simultanément la force aveugle de Hulot, le désir de vengeance et la cupidité de Barbette et de son fils, la passion exclusive et violente de Marie. Il se multiplie, court de l'un à l'autre, place un à un les éléments de sa dramaturgie: le «petit gars au pied rouge», les soldats de Hulot, le bruit d'une fausse exécution, un courrier, deux lettres. Seul l'éclairage lui échappe: «il est impossible d'y voir à six pas. Le temps protège nos amants» (p. 431). Quand tout est disposé, il n'a plus qu'à attendre, fantôme d'observateur à «l'adresse diabolique». Il est celui qui voit; il voit les Chouans; il voit Montauran derrière la fenêtre.

Remarquons cependant qu'en dernière instance il se heurte à la résistance de Hulot, en soldat qui refuse d'obéir à un policier, de si haut que viennent ses ordres. Pourtant, c'est bien le deuxième élément de la machine infernale que Corentin a mise en place qui amène l'explosion finale, puisque c'est le fils de Galope-chopine qui sort de terre «comme un rat» pour dénoncer la tentative d'évasion du marquis et provoquer le déclenchement de l'intervention militaire.

Les lettres fatales. Le rôle de l'écrit dans le roman

Dans un contexte d'ignorance affirmée et plusieurs fois analysée par le narrateur, les interventions de l'écrit se remarquent, toutes intéressantes et presque toutes capitales. Pour les masses analphabètes de ce roman, l'écriture est associée à l'autorité suprême. C'est d'abord le frustre message des dessins: écriture du corps, le tatouage de Marie Lambrequin doit le faire reconnaître de Dieu; manifestation de la parole du chef, les proclamations de

Bonaparte suscitent moins de commentaire chez les soldats bleus que la vignette symbolique dont elles sont frappées, où le compas de l'ordre a remplacé le niveau de l'égalité.

Dans ce sens, l'écrit est ici forme d'intervention de l'Histoire dans l'histoire. Il l'est aussi lorsqu'il est signe, révélation parfois, du pouvoir. Signe problématique, énigmatique : les papiers du jeune inconnu, déchiffrés par Hulot à l'auberge des Trois-Maures, le laissez-passer de Marie de Verneuil; signe symbolique : les patentes réclamées par les chefs Chouans à Montauran, preuve de méfiance, de décadence de la cause, les lettres de créance du roi détruites par le marquis pour rétablir la pureté du mythe Chouan; signe de force : les lettres des ministres établissant le pouvoir de Corentin sur les militaires comme sur les civils, qui révèlent les limites de la puissance de Marie.

L'écrit est enfin une force agissante, un moteur de l'histoire : la lettre arrachée du spencer de Marie par Mme du Gua, le billet de Hulot et la fausse lettre de Corentin qui l'accompagne sont des moyens directs de la tragédie, des armes.

L'écrit protège, l'écrit symbolise et incarne l'autorité, l'écrit révèle et active les passions, l'écrit tue.

La vengeance de Marie

Le destin est en marche et l'on découvre que l'apparente liberté de Marie est finalement inexistante. Depuis la Vivetière, le ressort de la vengeance est bandé. Vengeance qui se veut privée dès le début et dont Mlle de Verneuil se croit à tort la maîtresse. Elle pense y renoncer ou le relancer à son gré et toute la troisième partie du roman donne l'impression d'osciller au rythme de ses espoirs et de ses doutes. Pourtant elle va mourir, prise non à son propre piège, mais à ce qu'elle croyait être son piège et qui est, en fait, celui de Corentin.

C'est l'engrenage des vendettas : les Chouans se vengent du traître Galope-chopine, Barbette venge son époux par le don de son fils aux Bleus, Mme du Gua satisfait sa jalousie en agressant Marie, celle-ci se venge de l'humiliation de la Vivetière par la conquête du marquis, et du mépris supposé du marquis en le livrant aux républicains. Mais toute cette machinerie à ressort individuel et passionnel se révèle en fait maîtrisée à un autre niveau, non manifeste : celui du pouvoir d'État ici représenté par l'espion de Fouché.

Enfin, prise au piège de l'Histoire, Marie est aussi prise, du fait de la profération de sa malédiction, et parce qu'elle croit ce qui est écrit, au piège du roman, au piège des mots.

VII-2 (p. 447-465)
Les noces tragiques

RÉSUMÉ

Marie ne tarde pas à comprendre la ruse diabolique de Corentin, mais trop tard. Elle cache la vérité et ses terreurs et le mariage a lieu, béni par le prêtre réfractaire. À deux heures du matin, au réveil d'une brève nuit de noces, Marie révèle à Montauran la dramatique situation. Ils tentent une sortie, le Gars habillé en Chouan et Marie revêtue des habits de son époux, essayant de détourner sur elle l'attention des soldats. En vain; ils sont tués l'un et l'autre. Hulot et Corentin s'affrontent une dernière fois sur les cadavres de Marie et de Montauran

Épilogue: en 1827, au marché de Fougères, Marche-à-terre, vieilli, accompagné de sa femme (Francine?) marchande paisiblement les bestiaux. À le voir, on dit désormais de lui: «voilà un bien brave homme».

COMMENTAIRE

Suspension provisoire de la tragédie

On remarquera l'art de Balzac dans la succession des derniers épisodes: scènes d'extérieur et d'intérieur, Hulot, Corentin, Marie, les Chouans, un véritable «montage» se lit ici, les enchaînements sont soignés et le rythme calculé dans une progression constante de la tension.

La mise en place par Marie du décor de ses noces est comme une parenthèse de rêve dans la tragédie, un moment de silence avant le vacarme du dénouement.

L'attendrissante représentation des préparatifs de Marie est placée entre deux apparitions de Barbette, figure de la femme sanglante et rappel incarné du thème de la traîtrise. Comment ne pas entendre comme une dramatique prémonition dans cet effet de composition?

Le thème blanc

L'obsession de l'humiliation, du joug, a fait repousser ce mariage a Marie tant qu'elle l'a pu; on pourrait même avancer qu'elle ne l'a accepté que lorsqu'elle a compris qu'il serait sans lendemain.

Acte héroïque, religieux, charnel, les noces sont ici un sacrement du sacrifice et l'hymne ému de Balzac au mariage constitue dans le texte un véritable «thème blanc». Aucune cérémonie civile n'est évoquée et la figure du prêtre réfractaire*, révèle à la fois une certaine nostalgie du narrateur et plonge le lecteur dans le mythe et non plus dans l'Histoire. Cette page est avant tout un espace imaginaire dans lequel on échappe au réel et aux valeurs incarnées par Corentin.

Dénouement

Outre la concentration du temps et de l'espace, on doit remarquer la rapidité du dénouement. Rapidité qui masque certaines imprécisions: comment le fils de Galope-chopine s'est-il échappé pour donner l'alarme? Rapidité qui rapproche tragiquement le lit nuptial du double lit de camp de la mort.

Une dernière fois, les grands motifs réapparaissent avec la clôture du leitmotiv* «un jour sans lendemain» et avec le thème du voile, du masque, dans le déguisement des deux héros. Montauran, enfilant la peau de bique, retourne aux origines du mythe chouan, à sa primitive pureté. Marie revêt le costume de son amant après avoir pris son nom.

Des deux, c'est elle, à ce moment, qui devient le personnage politique: c'est elle qui tue Gudin, la meilleure recrue des républicains, incarnation d'une possible «Bretagne des lumières». L'amour brouille ici les distinctions sanglantes de camp et tente de refuser l'Histoire à qui il est pourtant finalement immolé.

Histoire tragique, puisque les forces de la civilisation tuent deux héros supérieurs par leur idéalisme ou leur passion. Tout espoir d'un avenir juste et pur est dénié aux protagonistes de l'intrigue mais aussi au siècle nouveau qui s'enracine dans ce moment-clef, dans ce lieu-clef de l'Histoire moderne. Montauran, par le message qu'il fait tenir à son frère, appelle les siens au renoncement, au ralliement. C'est à Hulot qu'il confie ses dernières volontés; le clivage* principal ne passe plus entre le marquis et le commandant républicain, mais entre ce dernier et Corentin. Si Hulot expulse l'espion de la scène, Corentin se sait vainqueur et n'a aucun doute sur le sens de l'Histoire.

Épilogue

Ce que nous disent les dernières lignes ajoutées par Balzac pour l'édition de 1844 c'est, vingt-huit ans plus tard, l'oubli des guerres civiles. «La toute puissante pièce de cent sous», comme on dit dans *La Cousine Bette*, est le seul vainqueur de ces luttes tragiques.

On remarquera par ailleurs dans ce paragraphe, la réapparition d'un narrateur qui s'était plutôt effacé dans les derniers épisodes. Il se manifeste par l'appel à une caution réaliste pour le texte: «la personne à qui l'on doit de précieux renseignements sur tous les personnages de cette Scène», et par ce terme de «Scène», il désigne le roman comme tel dans une série prévue, celle des *Scènes de la vie militaire*. Il fait enfin allusion à *L'Envers de l'Histoire contemporaine* comme à un texte déjà connu du lecteur, à propos du personnage de Pille-miche.

Plus qu'un narrateur, un auteur se fait entendre dans la tromperie de la fausse datation finale: «Fougères 1827» et la signatue truquée: «de Balzac», qui corrige pour la première fois le vrai nom – roturier – du père en pseudonyme.

L'avenir qu'annonce «l'ouverture» de l'épilogue est bien, tout autant que celui d'une société, celui du «grand-œuvre», de la *Comédie humaine*, encore à venir en 1829, mais largement réalisé, déjà, en 1834 et 1845, lors des corrections qui font du *Dernier Chouan*, *Les Chouans*.

Synthèse littéraire

LE ROMAN HISTORIQUE AU DÉBUT DU XIXe SIÈCLE

Dans la Révolution française, les hommes prennent conscience de vivre et de faire l'Histoire. Ils comprennent alors que le passé aussi – l'avant Révolution – était Histoire et Histoire en mouvement, qui a abouti aux mutations majeures qu'ils viennent de vivre. Réfléchissant sur ces phénomènes, ils se posent toutes sortes de questions : l'Histoire a-t-elle un sens ? Ce sens serait-il dramatique ? L'Histoire a-t-elle une fin ? Une jeune école historique voit le jour et va théoriser ces réflexions. Victor Cousin, Augustin Thierry en sont les figures marquantes.

Lorsque Augustin Thierry lit, avec toute l'Europe, les romans de Walter Scott dans les années vingt du siècle, il découvre avec enthousiasme que le discours littéraire peut transmettre une explication du réel avec une efficacité plus grande que celle des historiens professionnels.

Pour comprendre le passé et la manière dont il a accouché de notre présent, pourquoi ne pas oser faire œuvre, comme le grand romancier anglais, d'« imagination hardie » ? L'Histoire va donc prendre, sous la plume des jeunes historiens libéraux, les couleurs et le pittoresque du roman, tandis que le roman se fera historique.

En quoi consistent la méthode et le talent de Walter Scott ? Écartant les grandes figures historiques de ses romans, il crée des personnages de fiction représentatifs de leurs groupes sociaux, des personnages moyens, incarnant la mentalité, les croyances de leur temps, de leur caste. Décrivant les conflits de l'Histoire en train de se faire, il choisit un héros qui puisse établir des relations humaines entre les forces opposées. Par la concentration dramatique de ses récits, en donnant un grand rôle aux dialogues, il saisit l'essentiel des vastes luttes historiques dans des périodes de crise et ses personnages types incarnent clairement le devenir historique dans ses contradictions.

LES CHOUANS, ROMAN HISTORIQUE

De 1820 à 1830 une véritable «folie scottienne» s'empare des romanciers européens et Vigny, Mérimée, Balzac, Hugo se réclament tous du «noble baronnet», ce qui n'empêche pas leur production de s'écarter parfois très notablement des techniques mais aussi des intentions profondes de Scott. Pourtant, Balzac est peut-être celui qui comprend le mieux la leçon du romancier anglais. En montrant une réalité historique conflictuelle en train de s'accomplir, en représentant de façon vivante et dramatique le processus historique, il s'agit de retrouver la logique du passé qui conduit jusqu'à nous et de faire comprendre que le présent que nous vivons est encore de l'Histoire, une Histoire encore en marche, encore «ouverte».

Se réclamant de Walter Scott et de l'école historique de «l'imagination hardie», Balzac s'attaque à un passé assez proche, la Révolution, période qui est la véritable matrice de l'Histoire que ses contemporains et lui-même vivent en ce deuxième tiers du XIXe siècle. La préface de la première édition des *Chouans* nous dit l'intérêt que Balzac a toujours porté au problème du sous-développement de la Bretagne. De cette dernière, il fera le lieu-clef de sa réflexion sur la Révolution française et les racines du libéralisme. Il montre comment, à ce moment particulièrement difficile du passage de la Révolution au Consulat, jouent les failles qui obligent à la redistribution des rôles dans la France nouvelle; il incarne et dramatise le dépassement du conflit Blancs-Bleus dans des contradictions nouvelles au centre desquelles trônent le carriérisme et l'argent.

C'est une tragédie que Balzac va mettre en scène, tragédie dans laquelle on verra l'écriture descriptive et ses motifs-clefs, comme les personnages et principalement le personnage féminin, donner vie à l'Histoire en marche.

LE ROMAN COMME TRAGÉDIE

Avant de faire des *Chouans* un roman, Balzac avait projeté d'écrire sur ce thème de l'espionne républicaine, amoureuse du chef Chouan à la fin de la Révolution française, une pièce de théâtre. On peut considérer qu'il reste dans le découpage des épisodes du roman, dans certaines scènes plus particulièrement (l'auberge des Trois-Maures, la Vivetière) et dans le vocabulaire même du narrateur (scène, tableau, dénouement, théâtre, drame tragédie, tragique...) des traces évidentes de cette conception.

On peut surtout lire le roman comme une tragédie. Si le texte se présente d'abord comme une sorte de fresque épique et historique, un resserrement s'opère rapidement. Les personnages nouveaux, après les premières pages, l'usurier, le policier, la jeune fille vont amener le roman à se concentrer sur la mise en place de rapports sociaux en mutation, vont réintérioriser le problème historique brossé d'abord à grands traits. Des épisodes, on passera vite aux scènes pour parvenir à une relative unité de lieu: les environs de Fougères, puis Fougères, puis la chambre – voire à une unité de temps: les six dernières heures pèsent d'un poids tout particulier dans le drame, de la dernière péripétie (la fausse lettre) au dénouement fatal.

Un motif tragique traverse tout le roman, qui est la trace perceptible de la fatalité: c'est la formule-clef du «jour sans lendemain». Prononcée par Marie à l'exacte moitié du texte comme une malédiction à l'adresse de Montauran, elle atteint sa cible à la dernière page où elle est reprise par la jeune femme sur le mode du remords: «un jour sans lendemain, Dieu m'a trop bien exaucée». Des variations autour de ce motif jouent tout au long du texte (certitude d'une courte vie, d'un bonheur sans suite, constatations sur l'accélération des vies et des passions en ces temps de révolution...) et se multiplient dans les vingt pages précédant le dénouement.

Toute l'histoire de Marie et de Montauran se déroule sous le signe de l'équation: la passion = la mort. Corentin est le démiurge* qui fait basculer le drame du côté de la tragédie, jouant des contradictions de Marie, dont l'aveuglement cruel est proprement tragique, puisqu'il fait d'elle son propre bourreau et celui de son amant, au moment même où elle croyait atteindre à la félicité et à la maîtrise de son destin. Tout dans le texte la répète: pour les purs et les naïfs, il n'est pas en ce monde plus d'avenir dans l'amour que dans l'histoire.

UNE FIGURE CENTRALE DANS LA DESCRIPTION : LE VOILE

C'est au cœur de ce thème tragique de l'aveuglement des héros en particulier, et des hommes en général que s'inscrit un motif essentiel: celui du voile. Objet (le voile de Marie) ou métaphore (le voile de brume, le linceul de brouillard), il nous met au contact des significations principales du texte en nous faisant prendre conscience du lien intime établi par Balzac entre le paysage breton et la femme.

Si le paysage breton réapparaît régulièrement tout au long du roman, principalement sous les rayons du soleil couchant, c'est surtout au début du roman que Balzac en fait une description intéressante. Il lui consacrera par ailleurs un long passage sur un mode plus didactique et idéologique au moment du voyage vers Saint James. Le paysage vu de la Pèlerine est d'emblée féminisé: les «flancs rougeâtres» des vallons sont «pleins de fraîcheur» et de «mollesse», cachent «les féconds secrets de leur beauté». Au soleil levant, une main semble «enlever à ce paysage le dernier des voiles dont elle l'aurait enveloppé, nuées fines semblables à ce linceul de gaze diaphane qui couvre les bijoux précieux et à travers lequel ils excitent la curiosité» (p. 31). Ces quelques lignes sont comme la matrice de toutes les métaphores suivantes à propos des paysages des environs de Fougères. Une nature féminine, belle, féconde, dangereuse et dont le mystère échappe en partie à ceux qui la contemplent.

Lorsque Marie entre dans le texte, «un voile jaloux» cache ses traits à la curiosité de Merle. De voile en châle, de châle en mante, elle apparaîtra finalement à Saint-James la tête enveloppée d'une gaze blanche, le corps moulé dans une mousseline rouge. C'est la mousseline que Balzac évoquera pour parler du brouillard qui, à partir de l'aube du septième jour, ne se lève plus jamais tout à fait sur Fougères.

Paysage séducteur, paysage mortel. La digression sociologique et politique qui explique au lecteur le bocage traversé par l'héroïne sur le chemin de Saint-James ne dit pas autre chose: le maillage des haies c'est l'enfermement, donc le sous-développement, la solitude, l'ignorance, le fanatisme, et la messe dans les bois illustre cette démonstration au milieu des voiles des fumées d'encens, bientôt relayés par le voile rouge qui couvre Marie, rouge-passion, rouge-sang.

Au fond, qui comprendrait la femme comprendrait le paysage breton. Qui comprendrait la femme comprendrait l'Histoire. Mais personne dans ce roman ne parvient à déchiffrer vraiment cette double énigme: ni Hulot qui tente en vain de percer les brumes bretonnes, de déchiffrer les traits de son ennemi, de déchirer le voile de stupidité qui couvre ceux de Marche-à-terre, de comprendre le rôle de Marie; ni ses soldats qui ne voient pas derrière les haies ni ne percent les brumes de la politique; ni Montauran qui n'est jamais sûr de ce que couvrent les voiles de Marie, même lorsqu'ils servent, comme la robe de mousseline rouge, à la dévoiler; ni même Mme du Gua qui a tort de croire qu'en déchirant le spencer de l'espionne elle révèle sa vraie nature...; ni Marie qui ne sait pas aussi bien qu'elle le croit, lire sa propre énigme et encore moins arracher le masque de Corentin. Seul Corentin, peut-être, justement, dont le regard vert sait voir à travers les brouillards de Fougères et dans le cœur de Marie, comprend-il le sens de l'Histoire. Pas si facilement, pourtant, puisqu'il est bien près de l'erreur, au dénouement, et doit, pour se rattraper, renoncer à la subtilité. C'est sur le brouillard que compte Marie pour jouer de son dernier voile: le costume de Montauran. Alors même que la mort la rend à sa vérité, c'est un dernier rideau qui tombe, une ultime obscurité: celle de ses longs cheveux noirs.

ROMAN HISTORIQUE, ROMAN D'AMOUR

Le paysage breton se voile, luttant à sa facon contre les lumières républicaines. Quand il se découvre, il montre sa double nature: beauté, danger. C'est sa double nature qui condamne la femme balzacienne à ce que Marie appelle «une destinée incomplète». Les analyses de P. Barbéris sont à ce propos éclairantes et nous guideront ici pour l'essentiel.

Femme-ange mais aussi femme-sexe, Marie ne peut résoudre ses contradictions. Le réel ne lui donne pas les moyens d'incarner ses rêves d'innocence, elle ne se résout pas à n'être qu'un appas, un instrument sexuel pour les jeux de mort des hommes. Les valeurs de l'ordre établi font de la femme un objet et elle ne peut l'accepter. Mais le champ de l'Histoire ne lui offre plus de lieu où réaliser ses nostalgies de pureté.

Si la femme ne peut trouver sa place dans ce monde nouveau du début du XIXe siecle, la Bretagne n'y trouvera pas davantage la sienne. La République n'a pas su ôter à cette province marquée par le sous-développement dès l'Ancien Régime, son voile d'obscurantisme, ni lui apporter de véritables lumières. L'avenir qu'elle lui offre est celui de l'uniformisation; la civilisation par l'oubli de ses origines. Cette double tragédie nous mène au dénouement: la mort. À l'épilogue, Marche-à-terre devient un honnête marchand de bestiaux dans une France centralisée, unifiée par la répression et le règne de l'argent.

On voit par là qu'il n'y a pas d'opposition à faire entre le roman historique et le roman d'amour. Si l'Histoire semble s'effacer progressivement du récit pour céder la place aux passions privées, c'est que celles-ci prennent le relai d'une Histoire bloquée. Le désir prend la place de la politique. C'est à la jalousie de Marie que Montauran sera sacrifié, non à ses convictions politiques. Le pourrissement de l'Histoire s'incarne dans l'échec de la passion.

POUR UNE MEILLEURE APPRÉHENSION DU ROMAN

Chronologie de l'histoire

Le roman commence fin septembre 1799

p. 21. 1er jour: la colonne de Fougères à Mayenne. Embuscade. Attaque de la turgotine.

p 94. 2e jour: Hulot apprend l'attaque de la turgotine.

p. 94. Peu de jours après: Hulot reconstitue sa demi-brigade.

La deuxième partie commence quelques jours avant le 21 novembre 1799, soit à peu près deux mois plus tard.

p. 101. 1er jour: Hulot reçoit l'ordre de partir pour Mortagne.

p. 103. 2e jour: les voyageuses et leur escorte. Auberge des Trois-Maures. Premier duo d'amour. Tard dans la soirée, arrivée à la Vivetière. Nuit de massacre.

p. 246. 3e jour: arrivée de Marie à Fougères. Elle demeure à l'auberge. Visite de Corentin et Hulot.

p. 250. 4e jour: Marie habite la maison de la tour du Papegaut. Promenade. Elle voit le Gars et part à sa poursuite au coucher du soleil. Maison de d'Orgemont. Marie s'en enfuit et passe la fin de la nuit dans la lande.

p. 291. 5e jour: au lever du soleil elle se réfugie chez Galope-chopine et y fait prisonnier le comte de Bauvan. En soirée à Fougères: séduction du comte par Marie. À minuit départ pour Saint-James.

p. 325. 6e jour: voyage en fin de 5e nuit. À l'aurore, messe dans les bois. Au coucher du soleil: Saint-James. Nuit de bal. Marie reconduite par Montauran atteint Fougères à l'aube.

p. 370. 7e jour: Marie se repose. Visite de Corentin et Hulot.

p. 375. 3e jour: Corentin chez Marie; celle-ci a rendez-vous avec Montauran chez Galope-chopine. Trahison involontaire de Barbette. Le Gars échappe de peu aux Bleus.

p 407. 9e jour: Galope-chopine transmet à Barbette l'ordre d'allumer un feu qui annoncera à Marie la venue du Gars à Fougères pour la célébration de leur mariage.

p. 408. 10e jour: exécution de Galope-chopine par les Chouans. Barbette allume le feu. Entre 20 heures et 2 heures du matin, à l'extérieur de la maison de Marie, Hulot et Corentin en embuscade.

p. 446. 11e jour: 2 heures du matin. *p. 447:* retour en arrière de 20 heures à 2 heures du matin dans la maison: noces et nuit de noces.

p. *460*, 11e jour: 2 heures du matin: sortie des époux. Leur mort.

Vitesse du récit

Il est intéressant de bien comprendre le traitement du temps par un romancier et pour cela, de percevoir ce qu'on appelle la «vitesse» du récit, c'est-à-dire le rapport entre la durée de l'histoire et la longueur du texte mesurée en pages. Le meilleur moyen pour cela est encore de tracer un graphique comme celui qui suit. On ne considérera ici, pour simplifier la réflexion, que les onze jours très repérables dans les deuxième et troisième parties du roman.

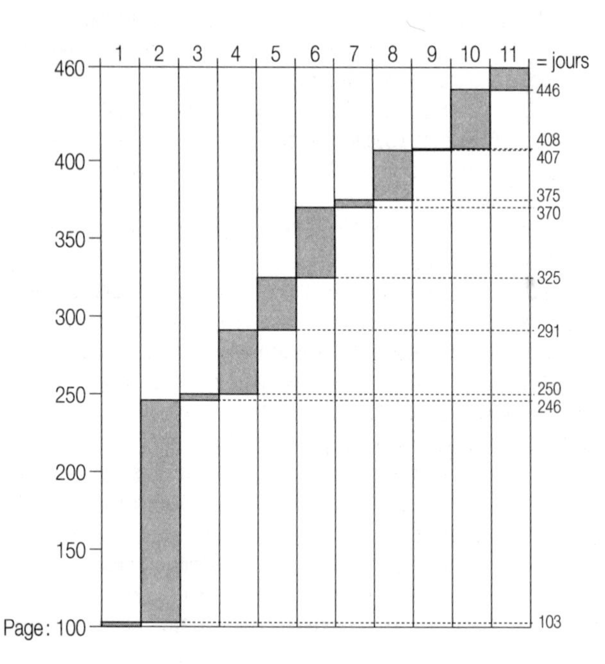

On remarquera principalement l'importance du deuxième jour et de la deuxième nuit. Les quatrième, cinquième, sixième jours constituent un bloc presque égal : Marie connaît à ce moment une série d'aventures qui ne lui laissent aucun repos de jour comme de nuit. À partir du septième jour, une alternance se dessine : jours d'action, jours de repos, ces derniers étant évoqués par le texte de façon beaucoup plus sommaire, voire elliptique. Les dernières vingt-six heures de l'histoire jouissent évidemment d'un développement assez large mais notons que le récit s'accélère tout de même progressivement puisque les «plages» importantes (deuxième jour, quatrième – cinquième – sixième jours, dixième jour), sont traitées en cent quarante-quatre pages, cent vingt pages et cinquante-deux pages, réciproquement. Tout se passe comme si, le destin une fois en marche, rien ne pouvait plus empêcher la tragédie de précipiter les protagonistes* vers leur fin.

On repèrera, bien qu'il ne soit pas figuré sur le schéma pour des raisons de simplicité, le jeu du récit avec le temps de l'histoire dans les dernières pages : un retour en arrière nous fait vivre deux fois les heures fatales qui s'écoulent du dixième jour 20 heures au onzième jour 2 heures.

Les titres du roman

Rappelons que le roman a connu trois titres différents. Balzac avait en tout premier lieu songé à l'appeler *Le Gars*, mais pour la première édition de 1829, trouvant ce titre trop familier, il choisit *Le Dernier Chouan ou la Bretagne en 1800*. Débutant sa vraie carrière littéraire, il joue sur une ressemblance évidemment calculée avec *Le Dernier des Mohicans* de Fenimore Cooper, paru en 1826, et fort célèbre à l'époque. En 1834, le roman devient *Les Chouans ou la Bretagne en 1799*. Balzac, plus connu, se libère ainsi de la parenté avec Cooper. Par ailleurs, il introduit dans son titre une certaine ambiguïté : l'œuvre raconte-t elle l'aventure de la chouannerie en son fort ? L'illusion éventuelle à ce sujet est un peu corrigée par le sous-titre. En 1845 enfin, celui-ci disparaît, le roman étant destiné, sous l'appellation *Les Chouans*, à être le pendant d'un autre, à écrire, qui serait *Les Vendéens*. On sait cependant que cette œuvre n'a jamais vu le jour.

Le Dernier Chouan de 1829 avait été écrit par un homme qui croyait encore à la nécessité des révolutions et, en même temps, avait déjà une vision critique du libéralisme né de celle de 1789 en France. À la fin de sa vie, même s'il se dit alors royaliste, et quoiqu'il annonce toujours la parution des *Vendéens*, Balzac ne pourra pas mentir sur l'Histoire et n'élèvera jamais, ni dans les corrections apportées aux *Chouans* ni dans *Les Vendéens*, qui resteront une promesse, un monument aux forces de la cause royale.

Les personnages les plus purs de ceux qui la servaient, Montauran, le chevalier du Vissard dans *Mlle du Vissard* (1847), resteront des idéalistes, des figures poétiques utilisées par Balzac, plus pour critiquer l'ordre nouveau du libéralisme, que pour chanter les vertus d'un parti qui ne représente plus, dès 1799, que le passé. L'écrivain le sait parfaitement, dont le monarchisme est lui-même, sans doute, plus le lieu d'une critique du présent, que d'une foi dans et pour l'avenir.

Lexique

POUR LE COMMENTAIRE

Actant: une force déterminante au sein de l'intrigue. Il peut correspondre à un être, un objet, une valeur, une abstraction. Cette notion permet de dépasser le plan individuel et psychologique, pour rendre compte du jeu de tensions qui organise l'intrigue.

Analepse: lorsque le récit abandonne l'ordre chronologique de l'histoire et revient sur le passé de celle-ci, on dit qu'il y a «analepse». Ce retour en arrière peut être le fait d'un personnage ou du narrateur lui-même.

Champ lexical: l'ensemble des mots qui expriment ou décrivent un même domaine. Parmi ces mots on distingue ceux qui désignent cet élément (dénomination), et ceux qui décrivent son état, son activité, les actions qu'il subit (caractérisation).

Clivage: séparation par plans, par niveaux. Le mot vient de la minéralogie où il désigne la manière dont une roche se fend dans le sens naturel de ses couches.

Démiurge: nom du dieu créateur chez les platoniciens. Principe ordonnateur suprême du monde. Certaines philosophies le considèrent comme un être bon, d'autres comme un être malfaisant.

Didactique: qui sert à l'enseignement. Se dit de tout ouvrage, de toute attitude dont le but est d'enseigner.

Dramatique: qui a rapport au théâtre. (Par extension seulement: ce qui émeut parliculièrement le spectateur.)

Ésotérisme: partie de la philosophie qui doit rester inconnue aux profanes. Ésoterique: ce qui est enseigné aux seuls initiés.

Hagiographique: relatif aux choses saintes. Hagiographie: rédaction de la vie des saints. Par extension: une biographie excessivement élogieuse.

Incipit: du verbe latin «commencer», désigne l'ouverture d'un roman, ce qui correspondrait au théâtre à l'exposition. Chaque auteur, placé devant le problème: comment commencer?, a sa façon d'utiliser les figures et procédures qui permettent de répondre aux questions: «qui? quand?

où?», de provoquer l'attente et de proposer à son lecteur un «code de lecture» par un système de références socio-culturelles.

Leitmotiv: en musique, thème caractéristique ayant une signification dramatique et revenant à plusieurs reprises dans la partition. Au sens figuré, formule, phrase qui revient plusieurs fois dans une œuvre.

Narrateur omniscient: c'est un narrateur (voix qui émet et éventuellement commente le récit) détenteur d'une information complète. Il en sait plus qu'aucun de ses personnages et ne justifie pas forcément l'origine de ce savoir qu'il fait partager au lecteur selon des modalités et un rythme qu'il choisit.

Mandant: personne qui confère à une autre le pouvoir de faire quelque chose à sa place et en son nom.

Mise en abyme (ou abîme): l'«abîme» était le centre de l'écu, du bouclier, lorsqu'il simulait lui-même un autre écu. On emploie donc cette expression en littérature quand le texte se répète en insérant dans son parcours un fragment, un paragraphe, une scène, un petit récit... qui fonctionne comme une sorte de modèle réduit de toute l'œuvre. Par là, celle-ci se cite elle-même. On peut observer ce phénomène en peinture, par exemple lorsqu'un miroir figure dans le tableau.

Occulte: secret, caché, inconnu.

Onomastique (nom): étude, science des noms propres. (Adjectif): relatif aux noms propres et spécialement aux noms de personnes et à leur étude.

Personnage type: type est employé ici par opposition à individu. Personnage qui réunit les caractéristiques principales de sa communauté, de sa caste et ce, de façon exemplaire. Pour G. Lukacs, le type est un personnage dont «l'être intérieur est déterminé par les formes objectives à l'œuvre dans la société» sans pour autant n'être qu'une pure mécanique.

Protagoniste: acteur qui jouait le rôle principal dans la tragédie grecque. Héros d'un récit, personne qui joue le premier rôle dans une action.

Réification: action de transformer en chose.

Toponymie: ensemble des noms de lieux d'une région ou d'une langue.

Topos (pluriel topoï): motif préfabriqué, sorte de cliché de pensée susceptible d'infinies applications particulières, propres à étoffer un discours. C'est aussi, comme en rhétorique ancienne, un élément de la technique de construction d'un discours: mots interrogatifs qui donnent le plan idéal d'un exposé: «qui? qoi? où? à l'aide de qui ou quoi? pourquoi? de quelle manière? quand?».

LEXIQUE HISTORIQUE

Chauffeurs : brigands qui, sous le Directoire incendiaient, tuaient et pillaient dans les campagnes de France. Ils brûlaient les pieds de leurs victimes pour leur faire révéler l'endroit où elles cachaient leur argent.

de Charette : (1763-1796) François Charette de la Contrie; ancien officier de marine, chef vendéen qui combattit surtout dans le Marais poitevin. Reprit la lutte après avoir signé le traité de pacification de la Jaunaye et fut fusillé en 1796.

Dîme : impôt; fraction variable de la récolte prélevée par l'Église.

Fouché Joseph : (1759-1820) Conventionnel montagnard. A voté la mort du roi. Organisateur de la Terreur à Lyon. Ministre de la Police à partir de 1799 et jusqu'en 1815. Contribua à permettre le retour des Bourbons à cette date et redevint ministre de la Police de Louis XVIII. Cependant, écarté du pouvoir par la loi contre les régicides en 1816, il s'exila en Autriche puis à Trieste.

de Girardin Émile : (1806-1881) publiciste et homme politique. Créateur du grand journal populaire *La Presse* en 1836. Considéré comme le fondateur de la presse moderne.

Incroyable (*cf.* aussi Merveilleux) : nom donné sous le Directoire aux jeunes gens qui affichaient une recherche extravagante dans leur mise et dans leur langage. Ils doivent leur nom à leur manière de répéter à tout propos, en affectant l'accent créole, «c'est inc'oyable, c'est me'veilleux».

Légitimisme : parti soutenant la légitimité de la seule branche aînée des Bourbons, détrônée en 1830.

Muscadin : nom donné sous le Directoire aux royalistes qui se distinguaient par leur élégance recherchée. Par extension : jeune fat d'une coquetterie ridicule dans sa mise et ses manières.

Prêtre jureur / Prêtre réfractaire : prêtre qui avait accepté (jureur) ou au contraire refusé (réfractaire) de prêter serment à la constitution civile du clergé en 1790.

Ultra : personne qui pousse à l'extrême une opinion et spécialement une position politique. En particulier, partisan extrémiste des principes de l'Ancien Régime sous la Restauration.

Quelques citations

LA BRETAGNE SOUS-DÉVELOPPÉE

«Là, le génie de la civilisation moderne s'effraie de pénétrer à travers d'immenses forêts primordiales. Une incroyable férocité, un entêtement brutal, mais aussi la foi du serment; l'absence complète de nos lois, de nos mœurs, de notre habillement, de nos monnaies nouvelles, de notre langage mais aussi la simplicité patriarcale et d'héroïques vertus s'accordent à rendre les habitants de ces campagnes plus pauvres de combinaisons intellectuelles que ne le sont les Mohicans et les Peaux-rouges de l'Amérique septentrionale, mais aussi grands, aussi rusés, aussi durs qu'eux. (...) Entouré de lumières dont la bienfaisante chaleur ne l'atteint pas, ce pays ressemble à un charbon glacé qui resterait obscur et noir au sein d'un brillant foyer.» (p. 39-40)

LE POURRISSEMENT DE L'HISTOIRE

Le Directoire

«N'étant plus soutenus par de grandes idées morales, par le patriotisme ou par la terreur, qui les rendait naguère exécutoires, les décrets de la République créaient des millions et des soldats dont rien n'entrait ni au trésor ni à l'armée. Le ressort de la Révolution s'était usé en des mains inhabiles, et les lois recevaient dans leur application l'empreinte des circonstances au lieu de les dominer.» (p. 27-28)

Les Blancs

«Chacun des chefs trouva le moyen de faire savoir au marquis, d'une manière plus ou moins ingénieuse, le prix exagéré qu'il attendait de ses services. L'un demandait modestement le gouvernement de Bretagne, l'autre une baronnie, celui-ci un grade, celui-là un commandement: tous voulaient des pensions.» (p. 343)

Les Bleus

(Corentin se confie à Marie): «Une circonstance qui me mettrait en correspondance avec les princes, me déciderait à abandonner les intérêts d'une République qui marche à sa décadence. (...) Trahir la France est encore un de ces scrupules que, nous autres gens supérieurs, laissons aux sots (...) car Fouché, mon protecteur est un homme assez profond, il a toujours joué double jeu.» (p. 379-80)

L'avenir (dernière rencontre Hulot-Corentin)

«– Ta besogne est finie par ici, fiche-moi le camp, et regarde bien la figure du commandant Hulot, pour ne jamais te trouver sur son passage, si tu ne veux pas qu'il fasse de ton ventre le fourreau de son bancal.

Et déjà le vieux soldat tirait son sabre.

– Voila encore un de mes honnêtes gens qui ne feront jamais fortune, se dit Corentin quand il fut loin du corps de garde.» (p. 462-463)

PORTRAITS

Marche-à-terre

«La grossièreté de cet homme taillé comme à coups de hache, sa noueuse écorce, la stupide ignorance gravée sur ses traits, en faisaient une sorte de demi-dieu barbare. Il gardait une attitude prophétique et apparaissait là comme le génie même de la Bretagne, qui se relevait d'un sommeil de trois années, pour recommencer une guerre où la victoire ne se montra jamais sans de doubles crêpes.» (p. 36)

Montauran et Hulot

«Son exaltation consciencieuse, relevée encore par les charmes de la jeunesse, par des manières distinguées, faisait de cet émigré une gracieuse image de la noble noblesse française; il contrastait vivement avec Hulot, qui, à quatre pas de lui, offrait à son tour une image vivante de cette énergique République pour laquelle ce vieux soldat combattait, et dont la figure sévère, l'uniforme bleu à revers rouges usés, les épaulettes noircies et pendant derrière les épaules, peignaient si bien les besoins et le caractère.» (p. 65)

Le voile

«À l'instant où les soldats se retournèrent, une invisible main semblait enlever à ce paysage le dernier des voiles dont elle l'aurait enveloppé, nuées fines, semblables à ce linceul de gaze diaphane qui couvre les bijoux précieux et à travers lesquels ils excitent la curiosité.» (p. 31)

«Il essaya d'examiner la voyageuse et fut singulièrement désappointé, car un voile jaloux lui en cachait les traits; à peine même put-il en voir les yeux, qui, à travers la gaze, brillaient comme deux onyx frappés par le soleil.» (p. 109)

Femme

«Ange et démon vous l'avez dit. Ah! ce n'est pas d'aujourd'hui que je reconnais ma double nature. Mais, nous autres femmes, nous comprenons encore mieux que vous notre insuffisance. N'avons-nous pas un instinct qui nous fait pressentir en toutes choses une perfection à laquelle il est sans doute impossible d'atteindre? Mais, ajouta-t-elle en regardant le ciel et jetant un soupir, ce qui nous grandit à nos yeux...

– C'est?... dit-il.

– Hé! bien, répondit-elle, c'est que nous luttons toutes, plus ou moins, contre une destinée incomplète.» (p. 166)

La malédiction

«Après ce rire, qui fut affreux, elle ajouta: – La belle journée! – Oui, belle, répéta-t-il, et sans lendemain.

Il abandonna la main de Mlle de Verneuil, après avoir contemplé d'un dernier, d'un long regard, cette ravissante créature à laquelle il lui était presque impossible de renoncer. Aucun de ces deux esprits altiers ne voulut fléchir. Le marquis attendait peut-être une larme; mais les yeux de la jeune fille restèrent secs et fiers. Il se retourna vivement en laissant à Pille-miche sa victime.

– Dieu m'entendra marquis, je lui demanderai pour vous une belle journée sans lendemain!» (p. 233-234)

Jugements critiques

Le difficile héritage de Walter Scott

Quel parti un Walter Scott aurait tiré de ces scènes de carnage et de piété! [...] Avec quelle vérité de couleur il nous aurait peint les grandes figures des Laroche-Jacquelin, des Charette, des Lescure, apparaissant dans ce long drame, pour l'animer jusqu'au dénouement. Malheureusement pour nous, l'illustre baronnet n'a point encore essayé de retracer dans un roman toutes ces situations si dramatiques, et, plus malheureusement encore pour lui-même, l'auteur du *Dernier Chouan* n'est point un Walter Scott.

Trilby, *Album des salons*, 22 juillet 1829.

Parmi les imitations qu'ont fait naître chez nous les romans de Walter Scott, chacun place au premier rang le *Cinq-Mars* de A. de Vigny; cette place lui sera maintenant disputée et peut-être appartient-elle au *Dernier Chouan*.

Revue encyclopédique, mars 1830.

M. de Balzac a publié, il y a quelques années, un roman «walter-scotté», pour nous servir d'une de ses expressions, où l'on trouve de l'intérêt, de la passion et quelque peu d'invraisemblance.

Revue des deux mondes, décembre 1831.

Les Derniers Chouans offrent seuls pour la première fois du pittoresque, de l'entente dramatique, des caractères vrais, un dialogue heureux; par malheur l'imitation de Walter Scott est évidente.

Sainte-Beuve dans la *Revue des deux mondes*, 15 novembre 1834.

Un roman politique

C'est la dernière partie de cette lutte (...) que M. de Balzac a retracé dans son ouvrage palpitant, d'un intérêt gradué et toujours croissant. Ses tableaux sont hideux de vérité. Ils font (...) passer sous les yeux du lecteur l'erreur déplorable et la servile abjection du troupeau qui croyait combattre pour Dieu et pour le roi en servant l'ambition de quelques hommes (...) et le loyal et franc enthousiasme des soldats de la liberté.

Journal des cancans, 19 avril 1829.

Balzac ne bloque pas une connaissance du réel en écrivant un traité d'Histoire. Il met en scène des masses, des personnages dont le lecteur va suivre le destin par sa propre lecture des symboles, des images et des situations. Ainsi, la lutte neuve des masses paysannes prolétarisées de l'Ouest, contre la bourgeoisie enrichie, mais aussi la lutte de toute vie et notamment féminine, n'est pas affirmée théoriquement et de manière mécaniste; elle est vécue par le biais d'une dialectique de l'imaginaire qui rend ce conflit présent et obsédant à la conscience du lecteur, pourvu qu'il accepte de lire ou d'apprendre à lire à soi-même et aux autres.

P. Barbéris, *Lecture et contre-lecture: l'exemple des Chouans de Balzac*, Revue d'histoire littéraire de la France, 75e année, Roman historique et roman d'amour, lecture du *Dernier Chouan*.

On commit (...) un contre-sens significatif: on reprocha à Balzac de n'avoir pas écrit un «premier» Chouan, un roman du début et du fort de la chouannerie, et l'on ne comprit rien au thème structurel du pourrissement de l'Histoire. Bien entendu, on ne dit rien de d'Orgemont.

P. Barbéris, *Balzac, une mythologie réaliste*, coll. «Thèmes et textes», Larousse, 1971.

Un roman d'amour

Mais, ce que nous lui reprochons, c'est d'avoir à son tour mis en scène une espionne, ou plutôt l'espionne de M. Mérimée, à laquelle il a conservé le même caractère, les mêmes goûts et jusqu'à la même sympathie amoureuse pour celui qu'elle doit surveiller (...). Il y a dans cet ouvrage une intrigue beaucoup trop compliquée, de l'embarras, de l'inexpérience, des caractères mal tracés, et par-dessus tout cela, un dévergondage de style que l'auteur a pris pour de l'originalité.

Trilby, *Album des salons*, 22 juillet 1829.

Le roman n'est pas seulement fondé sur une intrigue amoureuse, il est d'un bout à l'autre un roman d'amour et il n'est que cela. L'amour et l'histoire sont si bien mêlés, dans ce rapide épisode, que l'intrigue n'existe que dans la mesure où l'amour de Marie de Verneuil et de Montauran subit des crises.

Maurice Bardèche, *Balzac romancier*, Plon, 1940.

À la différence de Walter Scott, Balzac coud ensemble le tableau d'histoire et le roman d'une passion; Marie de Verneuil qui devait être d'abord l'héroïne d'un *Tableau d'une vie privée*, fille d'une «femme abandonnée», manifeste, au cœur de l'histoire moderne, que la recherche de l'authenticité se détourne du combat politique, devenu impur et truqué, pour rentrer dans les chemins de l'amour, de l'aventure et de la tragédie personnelle. (...) C'est la fin d'un intimisme coupé de l'Histoire et c'est la fin d'une Histoire coupée de la vraie vie des êtres.

Pierre Barbéris, *Balzac, une mythologie réaliste*, op. cit.

Un roman réaliste

Balzac est l'écrivain qui développe de la manière la plus consciente la formidable impulsion que le roman a reçue de Scott, et de cette façon il crée le type nouveau, jusqu'alors inconnu du roman réaliste.

Lukacs, *Le Roman historique*, Payot, 1965.

Balzac, pour faire connaître le réel, raconte des histoires qui n'ont pas eu lieu; pour nous faire comprendre les personnages réels, il en invente d'autres qui leur sont semblables, qui sont un échantillon de leur espèce: mais cet échantillon peut devenir si remarquable qu'il va constituer une espèce nouvelle, nous permettant de beaucoup mieux saisir le fonctionnement des groupes et des puissances.

Michel Butor, *Répertoire*, Les éditions de Minuit, 1959.

Index thématique

Sujets de travaux

EXEMPLES DE QUESTIONS D'ENSEMBLE ET D'EXPOSÉS

Pour traiter les sujets proposés, utiliser notamment les commentaires des passages indiqués en renvoi.

Les Chouans comme roman historique

On pourrait prévoir :

– un exposé sur le roman historique au début du XIXe siècle et l'influence de Walter Scott en France.

– un exposé sur les grandes écoles historiques au début du XIXe siècle.

– des exposés sur *Cinq-Mars* de Vigny, *Ivanhoë* de Walter Scott, *93* de Hugo pour comparer les techniques des romanciers historiques.

Cf. commentaires I-1, III-1, VI-C-2, VI-D et synthèse.

Les Chouans roman d'amour

Cf. commentaires III-2, III-3, IV, V-2, VI-C-3, VI-D, VI-E-1, VII-1, VII-2 et synthèse.

Les femmes dans le roman

Cf. commentaires II-1, III-2, IV, VII-1, VII-2, et synthèse.

L'argent et les carrières dans le roman

Cf. commentaires II-1, II-2, V-1, VI-A-2, VI-A-3, VI-C-2, VI-C-3, VI-D, VI-E-2, VII-1.

Gérard, Merle, Hulot et Corentin : les différentes faces de la République

Cf. commentaires I-2, III-1, III-2, V-1, VI-D, VII-1, VII-2 et synthèse.

La représentation du Chouan dans le roman

Cf. commentaires I-2, II-1, VI-A-2, VI-C-1.

Un groupement de textes peut être envisagé sur la représentation du Chouan dans la littérature du XIXe siècle à partir des textes suivants :

– Portrait de Marche-à-terre (p. 34-36).
– Hugo, *93*, 3e partie, livre 1er «La Vendée», I, «Les forêts».
– Chateaubriand, *Mémoires d'outre-tombe*, 1re partie, livre II, 5.
– Barbey d'Aurevilly, *Le Chevalier Des Touches*, p. 97-98. Livre de poche.

Le pittoresque dans *Les Chouans*

Cf. commentaires I-1, II-2, V-1, VI-A-2, VI-A-3, VI-C-1, VI-E-2.

IDÉES DE FICHES À FAIRE

Commencer par des relevés systématiques et clairs que l'on essaiera ensuite de commenter du point de vue des structures narratives et des significations idéologiques ou symboliques.
– Ombres et lumières dans le roman.
– Le réseau des couleurs dans le roman.
– Les déplacements géographiques et le thème de la marche dans le roman.
– Regards, vues, déchiffrements dans le roman.
– Lieux et temps dans le roman (*Cf.* synthèse pour le temps).

SUJETS DE COMPOSITION FRANÇAISE

Expliquez et commentez à propos des *Chouans* cette phrase de Michel Butor:
«Balzac, pour faire connaître le réel, raconte des histoires qui n'ont pas eu lieu».

Expliquez et commentez cette phrase d'un historien du XIXe siècle, Barante, en l'appliquant aux *Chouans* de Balzac:
«Le roman, ce genre autrefois frivole, a été [...] absorbé par l'intérêt historique qui lui a insufflé une éloquence nouvelle. On lui a demandé non plus de raconter les aventures des individus mais de les montrer comme témoignage vrai et animé d'un pays, d'une époque, d'une opinion. On a voulu qu'il nous servît à connaître la vie privée d'un peuple.»

SUJETS DE COMMENTAIRES COMPOSÉS

Sans proposer de plan, pour chacun de ces passages on attirera l'attention sur quelques aspects importants à observer dans l'analyse de texte. Ils pourront guider aussi bien dans la constitution de libellés que dans la construction des commentaires.

Marche-à-terre

p. 34, «Cet inconnu», à p. 35, «quelques cathédrales».

Le personnage-énigme, le personnage inhumain, animal, sans véritable corps, sans véritable langage, l'homme-pays, végétal et minéral, le personnage mythique; rappels historiques: la Gaule, le Moyen Âge; mythologique: le dieu Pan.

Hulot-Montauran

p. 64, «Ce jeune chef», à p. 65, «les besoins et le caractère».

Un portrait en mouvement, un portrait double. Qui voit qui? Le regard de Hulot et celui du narrateur. Le rôle du costume dans les deux portraits. Des personnages «types».

La Vivetière

p. 195, «Le château semblait abandonné», à p. 196, «établissement de la monarchie».

La description réaliste? Les métamorphoses de l'étrange. Les éléments du roman noir. La lecture symbolique et historique du paysage et du bâtiment. Qui voit?

La chaumière de Galope-chopine

p. 299, «Maîtresse du logis», à p. 300, «hors de l'eau».

La sauvagerie par la confusion de l'humain avec la nature. L'obscurité et l'obscurantisme. L'indicible, l'inapproprié, comme catégories du sauvage.

La messe dans les bois

p. 326, «Un bassin semi-circulaire», à p. 328, «et non une religion».

Le retour aux sources du christianisme. Enracinements dans le passé, transformations émotionnelles de la spectatrice. Pittoresque. Thème de la nature-cathédrale. Mise en scène des lumières et des ombres. Vocabulaire du spectacle et thème païen sous-jacent.

UN EXERCICE ORAL : LECTURE MÉTHODIQUE
La Vivetière (p. 195-196)

On indiquera ici les directions essentielles de l'explication de texte, sans chercher à rédiger complètement pour l'écrit ce qui est un travail oral, mais en essayant cependant d'attirer l'attention du lecteur sur le détail des procédés de l'écriture balzacienne.

Situation du texte

Nous sommes au cœur de la longue deuxième partie intitulée par Balzac «L'idée de Fouché». Après le prologue de la Pèlerine et la comédie douce-amère de l'auberge des Trois-Maures, nous entrons dans la tragédie.

La crise qui s'ouvre ici détermine la dynamique de toute la suite du roman. Après les premières escarmouches amoureuses entre Montauran et Marie, une fausse embuscade a totalement changé l'atmosphère du voyage. Méfiance du marquis, jeu torturant de Mlle de Verneuil menaçant d'user de son pouvoir pour faire arrêter le jeune homme : une violence larvée règne et on ne sait plus bien qui est l'otage de qui, lorsque la voiture sort du «droit chemin» pour une halte proposée/imposée par Montauran et Mme du Gua. La voûte en ogive d'un portail ruiné, des étangs sauvages, d'épaisses haies : la calèche parvient enfin devant le bâtiment principal.

> Le château semblait abandonné depuis longtemps. Les toits paraissaient plier sous le poids des végétations qui y croissaient. Les murs, quoique construits de ces pierres schisteuses et solides dont abonde le sol, offraient de nombreuses lézardes où le lierre attachait ses griffes. Deux corps de bâtiment réunis en équerre à une haute tour et qui faisaient face à l'étang, composaient tout le château, dont les portes et les volets pendants et pourris, les balustrades rouillées, les fenêtres ruinées, paraissaient devoir tomber au premier souffle d'une tempête. La bise sifflait alors à travers ces ruines auxquelles la lune prêtait, par sa lumière indécise, le caractère et la physionomie d'un grand spectre. Il faut avoir vu les couleurs de ces pierres granitiques grises et bleues, mariées aux schistes noirs et fauves, pour savoir combien est vraie l'image que suggérait la vue de cette carcasse vide et sombre. Ses pierres disjointes, ses croisées sans vitres, sa tour à créneaux, ses toits à jour lui donnaient tout à fait l'air d'un squelette; et les oiseaux de proie qui s'envolèrent en criant ajoutaient un trait de plus à cette vague ressemblance. Quelques hauts sapins plantés derrière la maison

balançaient au-dessus des toits leur feuillage sombre, et quelques ifs, taillés pour en décorer les angles, l'encadraient de tristes festons, semblables aux tentures d'un convoi. Enfin, la forme des portes, la grossièreté des ornements, le peu d'ensemble des constructions, tout annonçait un de ces manoirs féodaux dont s'enorgueillit la Bretagne, avec raison peut-être, car ils forment sur cette terre gaélique une espèce d'histoire monumentale des temps nébuleux qui précèdent l'établissement de la monarchie.

Type d'énoncé. Axe de lecture

Nous avons affaire à une description essentiellement en «focalisation interne»: c'est le personnage, Mlle de Verneuil, qui voit. Le lecteur n'en verra donc pas plus qu'elle et doit savoir reconnaître, dans l'organisation ou les termes mêmes de la description, sa présence et son éventuel jugement.

Pourtant, quelques passages du texte sont ici pris en charge par le narrateur et commentés par lui, nous le verrons. Pour reprendre les termes de P. Hamon, c'est le «voir» d'un acteur qui motive la description. Celle-ci s'insère dans la narration, dans le temps que met la voiture qui transporte Mlle de Verneuil à s'immobiliser. Ainsi notre extrait est-il encadré par ces deux formules: «la voiture entra dans la cour» et «Mlle de Verneuil (...) sauta légèrement hors de la calèche».

Description, donc, mais une première lecture attentive de la page nous permet de formuler une hypothèse qui guidera notre explication précise: cette description est «sursignifiante», c'est-à-dire chargée de sens et de références qui lui assignent une fonction qui dépasse celle de la simple évocation d'un décor réaliste. Rappelant l'univers du roman noir, du roman «gothique», la Vivetière est un lieu morbide, où l'on peut lire l'annonce du drame à venir, mais aussi, de façon symbolique, la fin déjà affichée et lisible de tout un monde.

Composition du texte

On peut d'abord croire la description simplement organisée en fonction du regard de Mlle de Verneuil qui suit les grandes lignes du bâtiment, pour en scruter ensuite les détails et saisir enfin le tableau comme un ensemble dans lequel les formes architecturales prennent sens dans leur décor naturel.

Pourtant, à mieux observer la composition de cette page, on s'aperçoit qu'il s'agit plutôt d'une première description, reprise et réinterprétée à un autre niveau d'écriture, et dont on ne saurait saisir l'organisation qu'en étant très attentif aux différents «points de vue» qui se manifestent.

– Depuis «le château semblait» jusqu'à «tempête»: focalisation interne. Le lecteur dépend du personnage et les verbes suggèrent à la fois la vision et l'interprétation de Mlle de Verneuil: «semblaient», «paraissaient». L'imparfait de description s'intègre dans la narration ultérieure.

– De «La bise sifflait» à «carcasse vide et sombre» le narrateur relaie le personnage. Description en «focalisation zéro» pour la première phrase, l'adverbe «alors» trahissant le changement de point de vue. Dans la deuxième phrase, commentaire au présent, trace manifeste du «discours» du narrateur dans sa fonction explicative et testimoniale.

– De «ses pierres disjointes» à «tentures d'un convoi», la description est reprise et réinterprétée en fonction de l'image du «grand spectre». Qui voit, alors? Mlle de Verneuil, puisque tout se passe comme si le narrateur n'avait fait que saisir la vision sortie de l'imagination de son personnage pour l'adopter en témoignant de sa justesse («combien vraie est l'image que suggérait...»).

– de «enfin la forme» à «monarchie», la signification historique, idéologique du paysage décrit est indiquée par le narrateur qui, dans un discours didactique, se fait le «traducteur» de ce que voit son personnage par la formule «tout annonçait».

Explication

– On rappellera, en ce qui concerne le choix et le temps des verbes: «semblaient», «paraissaient» mais aussi «offraient», «composaient», qu'ils marquent la présence du regard du personnage, vecteur de description.

– Les quatre phrases qui composent ce premier passage sont de plus en plus longues, comme si Mlle de Verneuil cherchait avec de plus en plus d'application et d'anxiété à percer le secret de ce qu'elle voit, à mieux cerner la misère des lieux.

– Dans chaque phrase, en tête; présence du sujet, le thème: «le château», «les toits», «les murs», «deux corps de bâtiment». Un ordre descendant se manifeste. Mais aussi une sorte de cercle fermé depuis «le château semblait» jusqu'à «composait tout le château». À cet endroit, la structure de la phrase se modifie; une relative subordonne et multiplie les sujets, on s'attache cette fois aux détails: «dont les portes», «les volets», «les balustrades», «les fenêtres», dans un ordre plutôt remontant.

– Une sorte de contradiction semble habiter cette évocation et anime le texte dans ce qui est l'amorce d'un brouillage, d'une anarchie dont on trouvera plus loin d'autres traces; certains éléments suggèrent la force, la résistance, la puissance: «château», «construits de ces pierres schisteuses et solides dont abonde le sol», «réunis en équerre en une haute tour», «qui faisait face». D'autres au contraire disent la décrépitude et la faiblesse, la souffrance même: «abandonner», «plier», «nombreuses lézardes où le lierre attachait ses griffes», «pendants», «pourris», «ruinées», «rouillées», «devoit tomber au premier souffle». Dans la phonétique de ces phrases, on trouve des effets manifestes de pesanteur. L'allitération en «p» ou «r» se combine avec les rythmes binaires dans la fin de la quatrième phrase, longue période dont l'acmé se situe après le mot «ruinées». Ainsi se dessine une sorte de paroxysme de l'abandon, l'exaltation de la désolation culminant sur cet adjectif qui révèle la véritable nature de ce que la première phrase affichait comme «château».

– Les fins des quatre phrases, d'une manière répétée, évoquent les «ennemis» du château, le temps, «depuis longtemps», le lierre et ses «griffes», la «tempête». De l'un à l'autre de ces termes, une progression dans la violence de l'attaque est suggérée.

– Mais deux détails inquiétants introduisent aussi, plus ou moins directement dans le texte, des éléments morbides et étranges qui construisent peu à peu l'isotopie «roman noir» – «roman gothique». (L'isotopie désigne le domaine de réalité auquel renvoie l'énoncé et que l'on définit à partir d'un ensemble de mots, d'images, le plus souvent ambigus ou à double sens.)

D'une part, le lierre n'est plus ici seulement vegétal mais animal: un monstre dangereux et griffu. D'autre part, les pierres schisteuses évoquent la couleur noire et la dalle des tombeaux. La proximité du mot «sol» et l'image suggérée des blocs arrachés à la terre bretonne semblent confirmer cette allusion.

La présence de l'adverbe «alors» met à distance et la scène et le personnage jusqu'ici regardant.

– De la «tempête à la «bise» sifflante, on a comme une contamination des termes, comme si l'évocation des vents futurs faisait naître dans le texte cet élément sonore (*cf.* l'allitération en «s»).

– Il y a glissement, aussi, de «ruinées» à «ruines». Avec la lune, les éléments de l'isotopie «roman gothique» sont presque au complet. Pierres tombales, ruines, bise, lune, le spectre, et plus loin, les créneaux compléteront la liste.

– L'image du spectre est mise en place par une série de trois expressions: «auquel la lune prêtait... le caractère et la physionomie», «lui donnaient tout à fait l'air», «cette vague ressemblance». On remarquera que le terme «image» est ici plus juste que celui de «métaphore» car il peut avoir son double sens d'image visuelle, à valeur symbolique, et d'image littéraire. Notons que l'acuité de cette image s'estompe en quelque sorte au fil du texte, les termes établissant le lien entre le comparé, (le thème) «château» et le comparant (le phore) «spectre» – «squelette», devenant de moins en moins affirmatifs, comme si, le premier choc passé, l'imagination du personnage s'habituait à sa vision morbide et l'éprouvait comme à la fois plus évidente et moins frappante.

– Aux lecteurs de romans du début du XIXe siècle, ces références sont familières et l'intertextualité joue ici à plein. Une attente est créée et la description agit comme un avertissement, un signal forcément reconnu. Nous sommes prévenus: un drame est inévitable; seuls la vengeance, le sang et la trahison animent de tels décors. Mais il faut aussi prêter attention aux adjectifs «indécises», «vague», à l'à-peu-près de l'image; les contradictions de la première partie sont ici relayées: un réseau d'approximations et de brouillages se crée, qui donne au paysage un caractère de désordre, d'«anarchie» qui prendra son sens dans la lecture symbolique et idéologique de la description.

– «Il faut avoir vu» pour savoir «combien est vraie»: le narrateur est ici dans sa fonction testimoniale. Comme si l'improbable de sa description exigeait cette intervention. L'improbable mais, paradoxalement, le convenu, aussi. L'affirmation de vérité se place à l'endroit du texte le plus résolument fantastique mais aussi le plus nettement «romanesque».

L'image de mort est donc réaffirmée. Venue à l'esprit du personnage dont elle révèle ici la peur plus sûrement encore qu'elle ne dit la vérité du paysage, elle est reprise en compte, assumée par le narrateur lui-même. «Spectre», «carcasse vide et sombre», «squelette», «if», «tenture d'un convoi», le champ lexical de la mort est riche dans les lignes qui suivent. Les couleurs: «grises et bleues», «noirs et fauve» et plus loin «feuillage sombre», «ifs»; les matériaux «granitiques», «schistes», se rattachent aussi à ce réseau morbide. Les couleurs sont froides, sauf le fauve, mais ici un jeu sur l'homonyme renvoie, comme les «griffes» du lierre, à une connotation de férocité dangereuse, mortelle. Il est intéressant de noter l'adjectif «mariées»: mariage-mort; ne serait-ce pas là la première occurrence et très discrète d'un motif essentiel au roman?

– C'est donc en fonction de cette image spectrale, image de mort, que la description va maintenant être reprise, répétée, réinterprétée, en réalité. La figure construite de ce fait par la double énumération des éléments de la ruine est un chiasme:

Les toits paraissaient plier
Réunies en équerre à une haute tour
Volets pendants et pourris
Balustrades rouillées
Fenêtres ruinées
Croisées sans vitres
Sa tour à créneaux
Les toits à jour

Seules les «pierres disjointes» qui renvoient aux «murs» «construits de pierres schisteuses» viennent troubler cette figure, prenant leur place dans une progression verticale propre à la septième phrase: «pierres» – «croisées» – «tours» – «toits». Par ailleurs, une variation rythmique est aussi notable puisque les éléments évoqués dans une subordonnée relative dans la première partie, le sont ici dans une phrase en éventail (énumération de plusieurs sujets pour un même verbe). Ce sont les qualifications nouvelles des matériaux ou éléments architecturaux déjà évoqués plus haut qui justifient la reprise; toutes évoquent désormais le vide, le disjoint, suggèrent donc le squelette: «disjointes», «sans vitres», «à créneaux», «à jour» .

– Comme «la bise», les «oiseaux de proie qui s'envolèrent en criant» convoquent le sens de l'ouïe pour ajouter un trait au tableau sinistre, dernier élément obligé de la description de roman noir. L'espèce de rebondissement de la période après le point-virgule souligne par ailleurs, comme la construction de la phrase en éventail, l'effet affectif insistant de ce passage: tout concourt à créer la terreur.

– Dans les lignes suivantes, les arbres ont en commun leur verticaté affirmée: «hauts sapins», «au-dessus des toits», «quelques ifs», «tristes festons». Le parallélisme des deux parties de la phrase: «quelques»... «et quelques» accentue la rigidité inquiétante du décor qu'anime seul le verbe «balançaient» qui nous renvoie à la bise évoquée plus haut. Agressivité des lignes, obscurité des tons («sombres», «tristes», mais aussi plus indirectement «sapins», «ifs», «convoi»). On remarquera le caractère plus dessiné de cette fin de description: «les angles», «l'encadraient», «les tentures»; il y a quelque chose d'une gravure dans cette phrase, dans ses traits aigus, dans ses noirs et Blancs. Les «ifs», arbres traditionnellement associés aux cimetières, et le «convoi» amènent à son terme, explicitement, le thème de la mort, d'abord suggéré par les «pierres schisteuses» de la troisième phrase et largement déployé depuis dans l'image du spectre et du squelette. Ce qui, jusque-là, était apparemment malédiction du temps, temps-pourrissement, temps-mort, devient faute avec «grossièreté des ornements», «peu d'ensemble des constructions» et même «s'enorgueillit», marqué par la dérision. Cette maladresse ajoute à l'aspect incertain, brouillé du sujet, à son espèce de désordre. Tout, ici, indique la présence idéologique du narrateur: «avec raison peut-être» est la marque la plus flagrante de son intervention, mais aussi les derniers verbes: «forment», «précèdent», au présent historique et généralisant, présent du discours. On remarquera aussi la formule «un de ces manoirs», chère à Balzac, et qui joue comme un appel à la connivence du lecteur. «Un de ces manoirs», c'est un de ceux que le lecteur connaît bien, dont il sait la réalité, et ce renvoi au familier ancre toute la page dans le réel, la charge d'un réalisme historique, alors même que chacun de ses éléments jusqu'ici la renvoyait au littéraire (roman noir) et au fantastique.

– Le champ lexical historique est insistant: «manoirs féodaux», «Bretagne», «histoire monumentale», «monarchie». Il n'efface pas tout à fait la présence de l'incertain, du légendaire, du mythique: «une espèce de», «terre gaélique», «temps nébuleux».

– Ouvert sur le mot «château», l'extrait se ferme sur le mot «monarchie». Pourtant, dire que ce château est un manoir féodal breton, c'est moins en faire un support ou un représentant de la monarchie que son adversaire de toujours. «Féodaux» est ici à opposer à «monarchie». En effet, associer le manoir à «terre gaélique» et «temps nébuleux», c'est revendiquer son indépendance orgueilleuse face à tout ordre centralisé, à tout ordre venu de France, et ce depuis toujours. Ici, la description de la Vivetière manifeste donc une troisième signification, plus symbolique et idéologique, étroitement rattachée au sens profond de tout le roman. Avant même la Révolution et la République, la Bretagne vivait à l'écart du pouvoir central, abandonnée par lui à ses spectres et à ses nébulosités, à sa ruine déjà largement consommée. La Vivetière, c'est l'anarchie d'un paysage, cette anarchie manifestée dans la page par des contradictions, des incertitudes, des brouillages et des à-peu-près que nous avons déja signalés au passage, anarchie qui dit le pourrissement ancien d'un monde mort depuis longtemps, même si, dans son orgueil, il ne le sait pas encore tout a fait.

Conclusion

Dans l'entrelacs savant de quelques éléments finalement assez peu nombreux, mais évoqués à plusieurs reprises parce que métaphoriquement réinterprétés, Balzac donne vie, dans cette description, au sinistre château de la Vivetière. Mais cette page ne vise pas seulement à dresser, sous les yeux de Mlle de Verneuil, et par son regard, le décor de l'affrontement qui va suivre et qu'elle pressent déjà entre elle et Mme du Gua.

Architecture et nature sont ici plus précisément au service du drame; drame romanesque parce que tout dans ce paysage respire la mort et l'annonce: adjectifs explicitement morbides, images, mais aussi références codées, qui renvoient le lecteur au genre littéraire du roman noir. L'intertextualité surdétermine la description, produisant à la fois le plaisir de la reconnaissance et celui de l'attente.

Cependant, les interventions, les commentaires, assez discrets ici du narrateur, réorientent encore la lecture de cette description et pointent un autre drame: le drame historique de la mort d'un monde. Écrasement d'un univers de l'orgueilleux isolement, d'un univers des mythes. Mort d'une province qui pourrit comme, et avec, les dépouilles de ses féodaux, dans l'hostilité de tous les pouvoirs centraux, à travers les tempêtes de l'Histoire.

On perçoit, ici, la richesse d'une écriture qui confond subtilement les points de vue, enracine son réalisme dans la symbolique et sait se réapproprier et arracher à leur convention les fantasmes les plus marqués littérairement, pour y inscrire son analyse du réel historique la plus aiguë.

Bibliographie essentielle

ANNEXES

Biographie de Balzac

Pierre CITRON, *Dans Balzac*, Seuil, 1986.

Sur l'œuvre de Balzac

Pierre BARBÉRIS, *Balzac, une mythologie réaliste*, Larousse, 1971.

Michel BUTOR, *Répertoire*, «Balzac et la réalité», Les éditions de Minuit, 1959.

Bernard GUYON, *La Pensée politique et sociale de Balzac*, Colin, 1947.

Georg LUKACS, *Balzac et le réalisme français*, Maspero, 1965.

Arlette MICHEL, *Le Mariage et l'amour dans l'œuvre d'Honoré de Balzac*, Champion, 1976.

Sur *Les Chouans*

Émile AUBRÉE, *Balzac à Fougères*, Perrin, 1939.

Pierre BARBÉRIS, *Lecture et contre-lecture: l'exemple des* Chouans *de Balzac*, Pratiques n° 3-4, septembre 1974.

Claudie BERNARD, *Le Chouan romanesque*, P.U.F., 1989.

Françoise SCHUEREWEGEN, *L'Histoire et le secret à propos des* Chouans *de Balzac*, Colloque d'Angers. Vendée, chouannerie, littérature, 1986.

André VANONCINI, *Figures de modernité: essai d'épistémologie sur l'invention du discours balzacien*.

À voir

Les Chouans, d'Henri Calef avec Jean Marais, 1947. Vidéocassette.

À lire

Jules BARBEY D'AUREVILLY, *Le Chevalier Des Touches*, Folio.

Victor HUGO, *Quatrevingt-treize*, Folio.

Gérard de NERVAL, *Le Marquis de Fayolle*, Édition de la Pléiade (œuvre complète de Nerval).

TABLE DES MATIÈRES

REPÈRES

RÉSUMÉS ET COMMENTAIRES

SYNTHÈSE LITTÉRAIRE

ANNEXES

Aubin Imprimeur
LIGUGÉ, POITIERS

Achevé d'imprimer en septembre 1992
N° d'édition 10007284-(I)-OSB 80°-Env.
N° d'impression L 41387
Dépôt légal septembre 1992 / Imprimé en Fra